AF348701

Nicolás J. Moragues González

Diario de un policía nocturno

Nicolás J. Moragues González

DIARIO DE UN POLICÍA NOCTURNO

Anécdotas de accidentes de tráfico en Palma de Mallorca

Ediciones Quixote

© 2022, Nicolás José Moragues González
© 2013, Ediciones Quixote. Primera edición.

ISBN: 978-84-686-4508-7   ISBN digital: 978-84-686-4509-4
Depósito Legal: PM 626-2016

© Imagen de portada: Accidente en el Paseo Marítimo de Palma (1962), Arxiu Municipal de Palma. Fondo fotográfico.

© Diseño de portada: Nicolás J. Moragues González

Cuarta edición: Impreso bajo demanda en noviembre de 2022
Palma de Mallorca (Islas Baleares), España.
Impreso en España / Imprimé en Espagne – Printed in Spain
Impresión bajo demanda

Ediciones Quixote

Agradecimientos. A quienes cada noche estáis ahí: a los Juliets, a mis compañeros de la Unidad Nocturna, a toda la Policía Local de Palma y a la gente que trabaja cuando los demás duermen… y muy especialmente a los desdichados que viven en el mundo de la oscuridad. Algún día la luz brillará.

<h1 style="text-align:center">ÍNDICE</h1>

Nota: Por motivos de confidencialidad y derecho de imagen, se omiten los nombres de las personas involucradas en cada anécdota por otros inventados. No existe ninguna pretensión de burla, desdén o falta de respeto hacia aquellos quienes se hayan visto envueltos en una situación de esta índole, por otro lado completamente anónima. Simplemente se pretende descubrir la cara amable del día a día (*noche a noche*) de la labor de una patrulla de accidentes de tráfico de la Unidad Nocturna de la Policía Local de Palma.

Prólogo

La tarea de cualquier miembro de las fuerzas y cuerpos de seguridad es poco aburrida, algo que es de agradecer si nos detenemos a pensar cuántas horas de nuestra vida las pasamos trabajando. Creo que somos afortunados al dedicar un tiempo importante de nuestra existencia en algo que además de útil es, cuándo menos, interesante y atractivo.

La tarea de los que componemos las distintas plantillas de policía local, además de poco aburrida, se diferencia de la de otros cuerpos policiales en que es multivariada, y ello es debido a una de las funciones específicas que la Ley 2/86, de Fuerzas y Cuerpos de Seguridad establece en su artículo 53 para las policías locales: "cooperar en la resolución de conflictos privados cuando sean requeridos para ello". Con esta ambigua redacción, los cuerpos de policía local deben intervenir en primera instancia en todas y cada una de las demandas ciudadanas (hasta en las más estrambóticas y extrañas que puedan parecer).

La tarea de los componentes de la Unidad Nocturna de la policía local de Palma está repleta de anécdotas, debido principalmente a dos factores: el primero ya ha sido explicado anteriormente, es decir, la obligación legal de intervenir ante cualquier solicitud, aún cuando las circunstancias del hecho no sean de competencia policial. El segundo factor es el hecho de trabajar siempre de noche, momento del día en que podemos encontrarnos con las personas y situaciones más singulares. El refranero español se refiere a ello asegurando que "de noche todos los gatos son pardos" y es que según el Centro Virtual Cervantes "con la oscuridad de la noche o la falta la luz, resulta fácil disimular las tachas de lo que se vende, no se perciben los defectos de quien se presenta". Es también durante el turno de noche cuando tienen lugar, además de más ilícitos penales, más ocurrencias determinados trastornos del comportamiento.

Por ello, el hecho de que alguna de las "historias" o anécdotas que un policía local nocturno se encuentra en su quehacer diario en las calles de una ciudad como Palma puedan ser compartidas por los lectores, siempre desde el respeto a la protección y a la intimidad de las personas, es dar a conocer un poco más cuál es nuestro trabajo y ello siempre es positivo. Así que les invito a sonreír con este recopilatorio de relatos de vivencias diarias, con el deseo de que al finalizar su lectura, cuando vean pasar por las noches un vehículo de la policía local piensen en cuán interesantes van a ser las horas que le quedan de trabajo, al servicio de esta maravillosa ciudad.

Antonio Vera, Intendente de la Policía Local de Palma.

1. Presentación

La ciudad se va paralizando poco a poco. La jornada finaliza y las fábricas cesan sus labores, las oficinas apagan las luces y los negocios bajan las barreras. Las calles se vacían. Los coches dejan de circular, y la gente se recoge en su casa, cena tranquilamente y se va a dormir.

Pero al caer la noche, cuando el día se acuesta, aflora un mundo desconocido y misterioso. Es un universo paralelo que coexiste con la realidad que nosotros percibimos, pero nos es completamente ajeno.

Incluso para aquellos que salen de fiesta por el Paseo Marítimo u otros tantos sitios de Palma. No son conscientes de que ese universo está presente al mismo tiempo y en la misma ciudad. Realidades completamente opuestas que comparten un mismo escenario.

La gente del día no percibe esta existencia adyacente, únicamente sabe de ella por lo que sale publicado en los periódicos al día siguiente. Y ni siquiera eso, pues realmente lo que leen, por cuestiones de impresión, ocurrió dos noches atrás.

A partir de las 22:00 horas comienza una frenética —a la vez que sosegada- actividad de servicios que forman parte del engranaje social: Médicos, ambulancias, bomberos, basureros, personal de averías, grúas, electricistas, taxistas, conductores de autobuses, psicólogos, servicios sociales… y, por supuesto, la Policía.

Palma no es una ciudad peligrosa, pero hay que saber por dónde se anda. Es cierto que hay barriadas y zonas mucho más conflictivas que otras, y que existe *demasiada* delincuencia. Pero al final, lo que nos preocupa, es lo que pone en riesgo nuestra integridad física. Aún estamos, por el momento y en términos generales, en niveles relativamente tranquilos. La integridad emocional es otra cuestión bien distinta…

Mi nombre es Nicolás, soy Policía Local de Palma y estoy en la Unidad Nocturna. Mi labor: atestados de accidentes de tráfico. Mi Carné Profesional: 138. Mi distintivo: J-8.

Juliet ("J" en alfabeto internacional) es el nombre que reciben las furgonetas de accidentes de la UNOC (Unidad Nocturna de la Policía Local), y nuestra labor es la investigación de las causas que conllevan a un accidente de tráfico, y la instrucción de diligencias para determinar responsabilidades, o dicho de otro modo, levantamos atestados de circulación. Gestionamos todos los servicios necesarios para la resolución del siniestro, ya sea solicitar personal sanitario o ambulancias para el traslado de heridos, bomberos para sacar a personas atrapadas en el interior del vehículo o para echar arena sobre manchas de aceite y otros líquidos resbaladizos, a EMAYA para la limpieza de los restos que quedan sobre la calzada, a otros componentes de Policía para la regulación del tráfico, grúas municipales para retirar o desplazar vehículos y que no provoquen nuevos accidentes, electricistas cuando hay cableado eléctrico esparcido por la vía, y un largo etcétera. Como puedes ver (si no te importa, te tutearé), un accidente supone la movilización y coordinación de muchas personas y organismos, y esto tiene un coste económico y humano.

Todos los accidentes que ocurren dentro de casco urbano, o de aquellas vías que son titularidad del *Ajuntament de Palma*, son competencia exclusica de la Policía Local, y de noche somos los *Juliets* quienes nos encargamos de este trabajo.

Aunque *Juliet* es nuestro distintivo como coche de accidentes, estamos integrados en la Unidad de Vehículos de Accidentes (UVAC), que engloba tanto a los de día como a los de noche. Lo cual supone a veces cierta confusión porque, por un lado, está claro que pertenecemos a la División de Seguridad Viaria, la cual depende de la Comisaría de Seguridad Vial y Tráfico, pero por otro lado no cabe duda que también somos parte de la Unidad Nocturna, de la División de Seguridad Ciudadana, que depende de la Comisaría Operativa y Seguridad. (Ver Figura 1).

Las anécdotas que a continuación vas a leer son totalmente ciertas, y yo las he vivido en primera persona. Pero cada uno de los agentes de Policía que conformamos este Cuerpo podría escribir su propio libro, excepto los más veteranos, que deberían optar por auténticas enciclopedias.

Espero que no solamente te diviertas con ellas, sino que aprendas y descubras un poco más sobre las labores desarrollamos todos los policías. A veces nos sentimos un tanto incomprendidos.

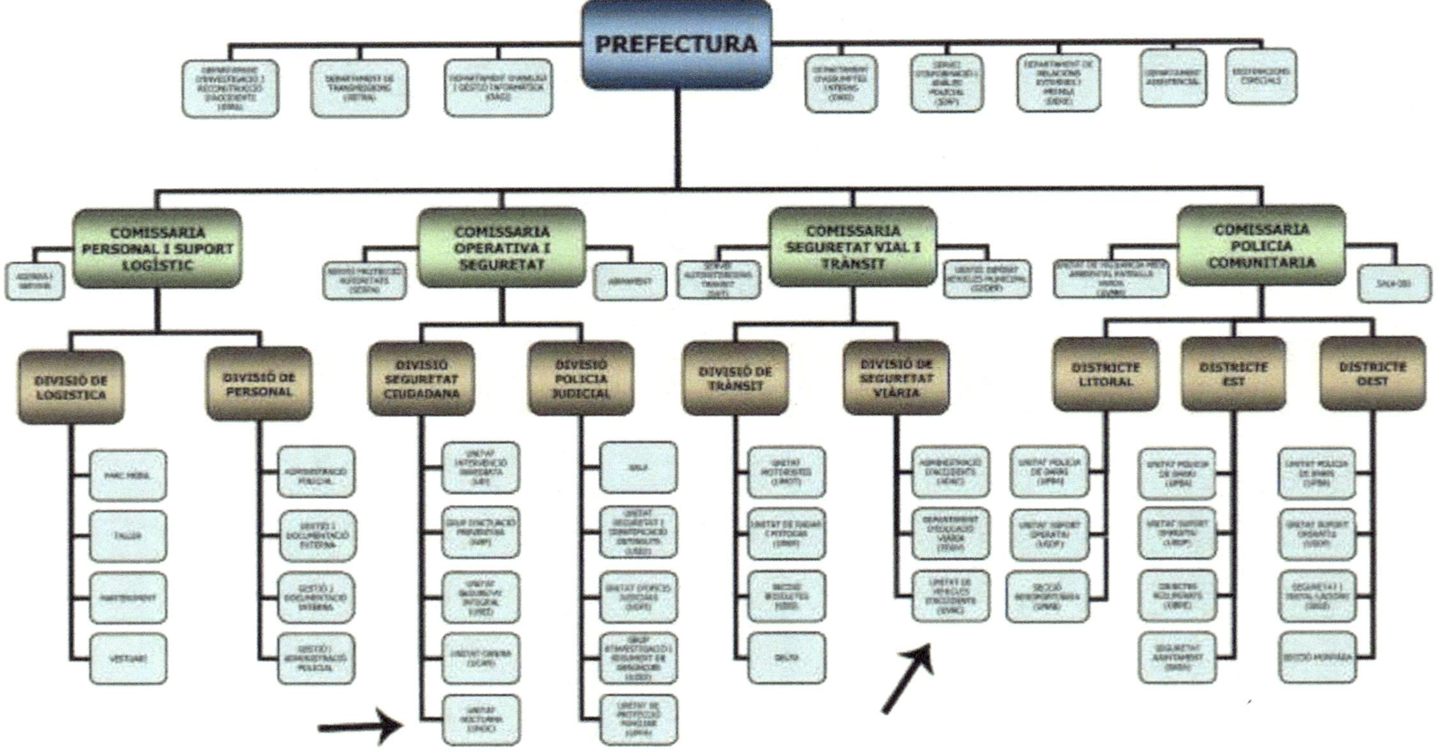

PREFECTURA
COMISSARIA PERSONAL I SUPORT LOGÍSTIC
COMISSARIA OPERATIVA I SEGURETAT
COMISSARIA SEGURETAT VIAL I TRÀNSIT
COMISSARIA POLICIA COMUNITARIA
DIVISIÓ DE LOGÍSTICA
DIVISIÓ DE PERSONAL
DIVISIÓ SEGURETAT CIUTADANA
DIVISIÓ POLICIA JUDICIAL
DIVISIÓ DE TRÀNSIT
DIVISIÓ DE SEGURETAT VIÀRIA
DISTRICTE LITORAL
DISTRICTE EST
DISTRICTE OEST

2. Qué es la Unidad Nocturna

Pero, ¿por dónde empezar? Pues vayamos al principio. Antes trabajaba en Sóller, una fantástica ciudad en el corazón de la Serra de Tramuntana. Estuve algo más de cinco años, de día. ¿Qué decir de Sóller? Pues que, como en todas partes, tiene sus problemas cotidianos, pero de día esa localidad es un remanso de paz.

Cuando en diciembre de 2010 me llamaron de Palma para empezar en este ayuntamiento, me vino una mezcla de alegría y temor. Cuando supe que iba a ir a la Unidad Nocturna, me dije: "Nicolás, el primer día vas a morir, que lo sepas".

¿Qué imagen tenía de Palma, y encima de noche? Si Sóller de día se podría comparar con la *Comarca de los Hobbits*, Palma de noche tal vez fuera *Mordor*.

Mi primera noche de servicio fue una experiencia inolvidable. Muchos compañeros estaban mimetizados con el entorno al que me iba a enfrentar... lo cual me sorprendió muchísimo. Miraba asombrado a todas partes, temeroso hasta de saludarles: "Tíos duros, de los que están acostumbrados a bregar con lo peor de la noche" pensé para mí. Agentes de mirada desafiante, con rasgos muy marcados, piel ajada y voz queda. Parecían personajes sacados de una novela de Pérez-Reverte. Luego los conoces, son tus amigos y compañeros, y descubres personas excepcionales con un gran sentido del humor y tremendamente profesionales.

Aquí predomina el arte del sobrevivir y de sacar el trabajo "sí o sí". Sin florituras, pero sin ser descorteses, el trabajo nocturno es en su inmensa mayoría con lo que la sociedad identifica como *clases marginales*. Y te aseguro que hay mucho trabajo.

Drogadictos politoxicómanos, enfermos mentales, ladrones, borrachos, prostitutas, bandas de Este de Europa, maras (o bandas organizadas) latinoamericanas, conflictos interraciales, africanos contra gitanos, peleas multitudinarias y un largo etcétera, es con lo que nos toca enfrentarnos cada noche. Esta es nuestra realidad.

En ocasiones mis amigos me han comentado que consideran que la policía, por la noche, es algo ruda, y yo les contesto que tal vez se deba a que nuestras intervenciones más frecuentes no sean precisamente con personas como ellos. Pero lo que no me cabe duda, y lo digo desde mi experiencia personal, es que la principal labor de la Policía es solucionar problemas. Cuando alguien acude a nosotros es porque, efectivamente, tiene un problema. Ni más, ni menos. Y ahí es donde entran en juego las habilidades personales de cada uno. Quizás por esa razón se pone tanto esmero en la formación teórica. Respecto a la formación práctica… cada noche es un escenario real.

Somos muchas Unidades policiales las que trabajamos de noche, cada una con su especialidad. Aunque en realidad no sea del todo así. Me explico. Cada sección tiene su competencia: Los USEI –Unidad de Seguridad Integral- se encargan, por ejemplo, de violencias de género o domésticas, e incidencias diversas de seguridad. Los UII –Unidad de Intervención Inmediata-, de intervenciones que requieren inmediatez prioritaria por su gravedad (entre las cuales también pueden estar, cómo no, las violencias de género en proceso). Los GAP –Grupo de Actuación Preventiva-, de controles de locales y de bandas organizadas, entre otras muchas cosas. Los compañeros Polivalentes del USOP –Unidad de Soporte Operativo-, de traslados de detenidos a Comisaría, a centros médicos, al Cuerpo Nacional de Policía (CNP) y otras diversas gestiones. Los "Sierra" van de paisano para localizar delincuentes con mayor facilidad, al pasar desapercibidos. Y nosotros, antiguamente denominados PCA -Policía Científica de Accidentes- y ahora UVAC -Unidad de Vehículos de Accidentes- tenemos nuestra especialidad en la investigación y esclarecimiento de todo lo relacionado con los siniestros de circulación.

Pero como te he dicho, en la práctica no es exactamente así. La colaboración y compañerismo entre las Unidades, a sabiendas de los riesgos que esconde la noche, nos lleva a participar en muchas ocasiones, a todos, en las acciones de especial relevancia. Yo, siendo titular de la Unidad UVAC J8 (*Juliet 8*), he llegado en primera instancia por cercanía a violencias de género, robos en proceso, atracos, entradas en domicilio, incendios, peleas…

Así como de día el término municipal de Palma está dividido por zonas, y cada agente queda circunscrito a un espacio en concreto, de noche todas las Unidades estamos centralizadas en el Cuartel de *Sant Ferran*, lo que significa que patrullamos toda la ciudad de Palma, sin excepción… tomamos *Ciutat* como "tablero de juego", y corremos hacia donde surge la emergencia.

3. Comienza la noche

A las 22:00 horas da comienzo el *Briefing*, donde el Oficial encargado del Servicio de la noche, denominado *Nocturna*, pasa lista uno por uno y distribuye las labores a realizar. ¡Me llama la atención ver la cantidad de gente que conformamos la UNOC! Aquí, en Palma, una noche corriente hay tanta gente como en Sóller el día del *Firó*, la fiesta por excelencia de la ciudad, cuando todos teníamos que trabajar obligatoriamente.

Una vez termina el *Nocturna* de pasar lista, cede la palabra al mando de más alto rango, denominado "X0", por si tiene algo que comentar. Seguidamente, y sin más dilación, nos ponemos todos manos a la obra, pasamos código de inicio de servicio a la Unidad de Emisoras para que nos ponga en la pantalla como patrulla disponible para recibir servicios, y comienza el show…

Para amenizar la velada nocturna, no hay nada como comenzar la noche con una canción que probablemente lo resuma todo: *Walk on the Wild Side*, de Lou Reed. Enciendo la radio y suena premonitorio:

"Holly came from Miami FLA
Hitch-hiked her way across the USA.
Plucked her eyebrows on the way
Shaved her leg and then he was a she
She said, hey babe, take a walk on the wild side.
Said, hey honey, take a walk on the wild side."

La Emisora es la Unidad encargada, entre otras labores, de recibir las llamadas externas y asignar los servicios a los agentes. Como te he dicho, yo siempre me identifico como J8, y tengo pareja fija de patrulla. Si algún día faltamos alguno de los dos, al ser una Unidad especializada en una sección prioritaria dentro de las competencias municipales, lo que se hace es asignar en su lugar a otro agente de otra Unidad, pero los *Juliets* siempre tienen que estar. Inexcusablemente.

Por cierto, tener un buen compañero de patrulla es fundamental, ya que prácticamente pasas más tiempo con él que con tu pareja sentimental. En ese aspecto me considero muy afortunado. Tanto por mi antiguo compañero como por el actual. Buena gente, trabajadores e involucrados en sus labores en accidentes, de los que he aprendido muchas cosas buenas.

La idea de escribir las anécdotas surgió por dos razones. La primera es que un día me di cuenta que, sin quererlo, suelo acabar siendo el centro de atención en todas las comidas o cenas que hago con mis amigos. Todos tienen profundas ansias por saber anécdotas, chismorreos y curiosidades de la labor policial. Me piden que les cuente casos y situaciones divertidas. Otros son más osados, por no decir morbosos, y me preguntan sobre accidentes con heridos. En definitiva, la gente tiene ganas de saber cosas.

La segunda razón surgió a raíz de un accidente al que llamé el *Caso Poltergeist*... y decidí que era hora de redactar las anotaciones personales que llevaba cosechando desde que entré a trabajar en Palma. Sí, siempre ha sido una manía mía, quizás una deformación profesional como Historiador que también soy: registrar cada momento de la vida.

4. El Caso *Poltergeist*

Serían las tres de la mañana cuando me comunican por emisora que había habido un accidente de circulación, aparentemente sin heridos, y que uno de los coches implicados estaba en la calle *Àngel Guimerà*. Cuando llego me encuentro un coche totalmente destrozado por todas partes, en medio de la calazada y sin ocupantes. Presentaba el frontal hundido, los laterales abollados, la parte trasera rozada y el cristal del acompañante quebrado. Además, el eje de las ruedas delanteras estaba partido, lo que significa que así como se encontraba era su posición final tras el accidente, y que no había sido desplazado. En fin, un desastre total.

Busco en los coches estacionados en las inmediaciones, para ver con cuál o cuáles había chocado, y para sorpresa mía todos están bien. Ni un solo rasguño en ellos.

Esto nos hizo mirarnos a mi compañero y a mí, sorprendidos, sin poder dar crédito a lo que veíamos. Este coche, obviamente, no podía circular. Era imposible que se pudiera mover. Tenía que estar en su posición final, y sin embargo ningún vehículo alrededor presentaba desperfectos, ni tampoco había indicios de que otro implicado se hubiera dado a la fuga tras colisión, ya que los restos que quedaban sobre la calzada eran solo del que estaba presente. ¿Habría caído del cielo? ¿Cómo había llegado este coche hasta ahí, si no podía moverse? Alguna ojeada hacia arriba sí que hice: "A ver si llueven coches en esta zona...", pensé sonriéndome.

Al poco rato aparece un hombre mayor, en pijama, y escandalizado me dice que ese es su coche. La noche anterior lo había aparcado varias calles más allá, en *Hiroshima* con *Archiduque Luis Salvador*, y no sabía qué había pasado. Él mismo estaba alucinando.

Mi compañero realiza una inspección ocular al vehículo de ese señor y ve que, en parte baja del frontal, por debajo del parachoques, tiene un hundimiento sospechoso. Se para a pensar y me dice:

- Ya está, esto es que otro coche lo ha enganchado con la bola de remolque y se lo ha llevado "de paseo".

Empezamos a caminar en sentido inverso al presuntamente seguido por el vehículo y, efectivamente, vemos en la calzada, en el suelo, roces de como si el coche que lo llevaba enganchado hubiese maniobrado bruscamente de izquierda a derecha para zafárselo de encima.

Seguimos el rastro durante un largo trecho y encontramos en otra calle, al girar la esquina, la parte trasera de un camión con restos de cristales esparcidos por el suelo: "¡Ah, claro, esto justifica que tenga el coche de ese pobre hombre el cristal roto!". Y así vamos siguiendo los vestigios de los daños que vamos viendo, girando de calle en calle y de esquina en esquina de manera laberíntica, hasta donde estaba teóricamente aparcado el coche. Apreciamos que un total de catorce coches han recibido golpes por toda la ruta zigzagueante.

Cuando estoy en calle *Hiroshima*, un testigo que sale de un bar cercano, ¡¡me asegura que ha visto circular un coche llevando a otro detrás enganchado!!

Es obvio que ese es el resultado del accidente misterioso: Una persona —a saber en qué condiciones se encontraba— pone en marcha su vehículo, da marcha atrás con intención de salir de donde estaba estacionado, y engancha con su bola de remolque al coche aparcado detrás del suyo. Así pues, comienza a circular por los callejones de Palma dando golpes a diestro y siniestro, como quien juega al *Pinball* sin ser consciente del desastre que está montando. Cuando en un momento dado se da cuenta de lo que lleva detrás (seguro que fue tras oír el estruendo provocado al cargarse el cristal de la ventana con la parte trasera del camión), da volantazos de un lado a otro al tiempo que debe decir: "quiiiita biiicho" hasta que lo deja en medio de la calle, dándose a la fuga.

Por desgracia nos fue imposible dar con el causante del accidente, a pesar de visionar cámaras cercanas y buscar concienzudamente por la zona. Pero cuando no se puede, no se puede.

Ese día, como te he dicho, decidí que era hora de transcribir todas las anécdotas que llevaba recopilando desde que empecé en Palma en diciembre de 2010.

5. Menuda *trompa*

A pesar de toda la información que hay a día de hoy, la gente no es consciente de los riesgos que supone conducir un vehículo (ya sea a motor o una simple bicicleta) habiendo consumido alcohol o drogas. Ni tan siquiera de ir "haciendo el loco" con el coche, lo que penalmente se conoce como una conducción temeraria. Ni mucho menos conducir sin tener —ni haber tenido nunca- permiso de conducción. Todo esto son delitos que vienen reflejados en el Código Penal. Y cuando se detiene a una persona por conducir bajo la influencia de bebidas alcohólicas (CBIBA), aunque no haya tenido un accidente, ésta muchas veces no comprende el motivo de su detención cuando no ha provocado ningún mal a nadie. Verse sentados en los calabozos, junto a ladrones y maleantes, les desmorona emocionalmente. No, no son situaciones nada agradables.

Pero ¿qué puede tener de agradable un accidente de tráfico? Los accidentes de circulación son un problema de salud pública. Representan la principal causa de mortandad en el grupo de edad comprendido entre 5 y 29 años, muchas veces yendo de la mano de la inexperiencia y del consumo de alcohol u otras sustancias, además de causar el 40% de las minusvalías.

Casi cada noche veo situaciones desagradables, de las que o te mantienes emocionalmente alejado o acaban por devorarte. Ahora puedo decir que comprendo al doctor que asiste tranquilamente a un herido cuando el resto de personas andan gritando de un sitio a otro con las manos en la cabeza. El día a día (la noche a noche) te curte y forja una personalidad ante lo que llega a ser lo "normal", y que las demás personas no entienden.

Pero, por otro lado, existen muchos escenarios que esconden un lado divertido. Anécdotas completamente reales que superan con creces la ficción. Tal vez en ese mismo instante yo no sea consciente del hecho, y que incluso pueda ser un momento tenso y dramático. Pero luego, una vez que ya ha pasado, y en frío, pienso en ello y no me queda más remedio que dibujar una sonrisa en mi cara por lo que acaba de suceder.

Sin duda, las anécdotas que almaceno van mucho más allá de las de tráfico. Siempre digo que una semana de servicio en Palma puede suponer un libro de aventuras. Pero he querido ceñirme solamente a las de accidentes, o eso voy a intentar, pues es la Unidad en la que estoy inscrito.

Todo lo que te voy a contar en este libro es completamente real, aunque solo intento mostrar que, hasta las situaciones más feas, tienen una cara amable.

Y para seguir, un accidente que me contaron que siempre me ha hecho mucha gracia. Sí, no lo viví yo en persona, pero creo que es de los mejores que he oído en mi vida.

En Mallorca tenemos un autosafari en la población de Portocristo, donde los animales andan sueltos a medida que tú te desplazas con tu coche.

Una familia iba plácidamente disfrutando de los animales, hasta que llegan a la sección de los elefantes. Uno de ellos se separa del grupo y se acerca hasta el coche en cuestión, e introduce su trompa por la ventana del conductor en busca de comida. Éste, asustado, levanta rápidamente el cristal de la ventana con tan mala suerte que le pilla la trompa al elefante.

El animalito se hace daño, y para zafarse de la presión comienza a patear la puerta del coche y a dar trompazos a diestro y siniestro, hasta que una de las embestidas da de pleno en la cara del conductor.

A duras penas éste consigue bajar la ventanilla para que el animal se vaya, y medio aturdido consigue conducir hasta la entrada del Safari, donde los operarios lo intentan calmar sentándolo en una silla al tiempo que le ofrecen una copita de coñac para reponerse del susto.

Al cabo de un tiempo prudencial, el magullado conductor se va, pero nada más salir del recinto se encuentra un control de la Guardia Civil, en el que estaban intentando localizar un vehículo fugado implicado en un accidente. Y cómo no, lo paran.

- Buenos días caballero –le dice el Guardia Civil-. ¿Sería tan amable de apagar el motor del vehículo? –y en ese momento, se da cuenta que el conductor huele a alcohol, y que tiene la cara enrojecida. Vamos, que parece que viene de pegarse la juerga de su vida-. ¿Ha bebido usted? –le pregunta.

- Nooo, señor agente, para nada... bueno quizás... -y el agente le corta al tiempo que le pregunta:

- Ya, ya... es que estamos buscando un vehículo fugado implicado en un accidente, y veo que el suyo presenta desperfectos recientes, ¿me lo puede explicar?

- Es que un elefante me ha pateado la puerta —se hace un silencio incómodo.

- A ver si me aclaro —repite el Guardia-. ¿Qué un elefante le ha pateado la puerta? ¿Y me puede explicar a qué se debe ese olor a alcohol que usted desprende?

Yo solo me imagino la cara del pobre conductor, pensando para sí mismo: "¿sabe qué? Lléveme detenido, total, no me va a creer..."

Tras realizar algunas gestiones con el Zoo, se comprobó que lo dicho por el conductor era cierto, así que al final no hubo más problemas, ¡pero se juntaron todos los ingredientes más surrealistas para crear una anécdota sorprendente!

6. Eso es un gitano que no conducía, y va y le dice al agente...

Sí, suena a chiste, pero es cierto como la vida misma. Este divertido caso fue un accidente en el que por suerte no hubo heridos graves, aunque bien podría haberlos habido. Un coche se saltó un "Ceda el paso" cerca de carretera de Valldemossa y se adentró en una calle prioritaria. Una moto que circulaba por esa vía, al verlo, frenó en seco y perdió el control, cayendo el motorista al suelo y golpeándose en la cabeza con la rueda delantera del coche, al que por cierto no le produjo ni un solo daño o rasguño, lo que complicaba severamente el caso para averiguar a la postre cuál era el coche fugado. El conductor del coche, al ver lo que había pasado, dio marcha atrás por donde había venido y se marchó por una de las callejuelas transversales más rápido que volando para no tener que dar explicaciones a la Policía.

Después de una larga investigación haciendo filtros de búsqueda a través de bases de datos policiales -ya que solo teníamos dos números de la placa de matrícula y una marca de vehículo que me facilitó un testigo-, días después creí encontrar el coche, pues como he dicho no presentaba restos o daños del accidente, así que *presupuse* que podía ser el que buscaba. Le dejé una citación en el parabrisas para que el conductor se personara al día siguiente en Comisaría de Policía, y así hizo un señor extranjero.

La situación se presentó confusa, pues ese señor trajo consigo un contrato de compraventa con fecha anterior al accidente, y me dijo que ese vehículo se lo había vendido a un gitano vecino suyo, facilitándome además el número de teléfono del supuesto propietario.

- Pero si le ha vendido el coche a su vecino, ¿cómo es que ahora lo tiene usted? – le pregunté.

- Es que como no me pagó, fui anteayer a reclamárselo, y por eso lo tengo otra vez yo –me contestó.

Delante suyo llamé al gitano para interesarme por la propiedad del coche, sin hacer mención a nada más. Al cabo de varios tonos contestó el chico y, una vez me hube identificado como policía, me dijo: "Yo no sé nada del coche, ni del accidente, es todo mentira", a lo que yo suspicazmente le repuse: "¿Quién ha hablado de accidente?"… y me colgó.

Una vez se fue el señor extranjero, insistí con el gitano y esta vez accedió a explayarse un poco más:

- Pero a ver, señor agente, ¿cómo pude ser yo el que conducía el coche si no tengo carné?

Tras unos segundos de silencio por mi parte, le digo:

- Claro, me imagino que no tener carné de conducir significa que es del todo imposible que alguien pueda, efectivamente, conducir… al menos sería la primera vez que yo veo algo así.

Nuevo silencio sospechoso, ¿habría entendido la ironía?

- A ver –proseguí-, te quiero aquí en menos de una hora o sino saldré a buscarte a tu casa -cuando supo que el otro señor ya se había marchado, esta vez ya sí aceptó venir.

A la hora convenida se persona el gitano, siendo éste un chico bastante joven, acompañado de su padre y la octogenaria abuela, quien con el hablar típicamente calé me dice "es que mi abuela es la única que tiene calné de conducil, y por eso ha venío, pa'traernos a tóos, señol agente".

Al final el joven me confiesa que es verdad que firmaron el acuerdo de compraventa, pero que fue con fecha falsa, pues el extranjero le vino llorando y diciéndole que había tenido un accidente y que si lo pillaban, lo echarían del país. Me contó con pelos y señales los detalles del accidente, así que al menos ya tenía la certeza de que ese era el coche implicado. Solo me quedaba identificar al conductor. Pero lo que más gracia me hizo fue cuando el gitano, tras jurarme y perjurarme por todo el santoral que él no había sido, me justificó los hechos gesticulando exageradamente con las manos:

- Es que mi vecino sabía que a mí me encantaba su coche, porque hacía tiempo que le iba yo detrás. ¡No es para conducirlo yo, señor agente, pues no tengo carné! Es que me encantan los coches y hago negocio con ellos –tanta excusa no hacía más que aumentar mis sospechas-. Por eso, cuando me dijo si podía comerme yo el *marrón*, además de darle 500 euros, me lo podía quedar. Y así hice. Pero claro, días después me puse a pensar y me dije: "¿Además de ir a la cárcel, tengo que pagarle 500 euros?" Y ahí fue cuando me di cuenta, señor agente, que me estaba intentado engañar.

¡No sé cómo pude aguantar la risa! Entonces le comenté:

- Bueno, pues lo que vamos a hacer tú y yo ahora es ir a la casa de este hombre, que según tú vive al lado del lugar del accidente. Ya sé que no sabes el número del edificio, pero que si lo ves lo reconoces. ¿Vamos?

- ¡Claro que sí, señor agente! —comentó alegre al tiempo que de un salto se levantaba de la silla y se ponía de pie.

- Pues tú ve con tu abuela delante, que yo te sigo.

- Eh… ¿no puedo ir con ustedes, señor agente, en su *fregoneta*, y les indico qué casa es? —dijo cabizbajo y preocupado.

- No, tú delante y yo detrás —le insistí.

- ¿Pues sabe qué, señor agente…? Casi mejor yo vengo el lunes y le digo exactamente dónde es —sonrisita nerviosa.

Aún sin tener pruebas, era obvio que su abuela, una pobre mujer que apenas se aguantaba en pie, fuera la que condujera. Aún así, condescendiente, le dije:

- Venga, vete y nos vemos el lunes.

Terminé de introducir los datos que faltaban en el ordenador y, al cabo de un rato, salimos a patrullar mi compañero y yo. Nada más salir me doy cuenta de que me he olvidado la merienda en la Comisaría (sí, sé que suena mucho a *Sargento Wiggum* de los *Simpsons*, ¡pero es que fue así!). Así que dimos la vuelta para volver al cuartel. De repente, vimos un coche que circulaba sin luces saltándose un semáforo en rojo. Pusimos en marcha las luces de emergencia de la torreta de la furgoneta policial y salimos detrás de él. Giró bruscamente a la izquierda por la primera calle, y le seguimos. Volvió a girar otra vez a la izquierda rápidamente por la siguiente calle, así que aceleramos aún más y, cuando ya le estábamos dando alcance, vimos que aparcaba súbitamente en la misma esquina, sobre una línea amarilla.

Mi compañero y yo, parados justo al lado y con las luces de la torreta dando vueltas como locas, vemos boquiabiertos como dentro del vehículo hay toda una serie de movimientos de lo más sorprendente: la persona que estaba sentada en el sitio del conductor se pasa al del acompañante. El que estaba de acompañante se mueve al asiento trasero, no sin grandes problemas, claro. Y de repente, se abre la puerta de atrás, sale una señora mayor renqueante y se sienta en el asiento del conductor. No habían pasado tres segundos cuando el gitano joven sale ahora por la puerta del acompañante, con las manos en alto, diciendo: "¡¡Yo no conducía!!" ¡sin que le hubiéramos dicho nada!

El chico quedó detenido por conducir un vehículo a motor sin haber obtenido nunca ningún permiso que le habilitara. La abuela nos pedía que no nos lo llevásemos. Que era cierto que su nieto era el que conducía, pero es que ella tenía los pies llenos de callos y de fuertes dolores, además de una ciática, y por eso se había puesto al volante él. Mmmm… no creo que el Código de Circulación contemple esta variable.

7. ¡Que tú no conoces a mi mujer!

Los *Juliets* tenemos establecido un sistema rotativo de accidentes por turno. Una noche eres turno uno, la siguiente noche turno dos y la otra el tres, siempre que estemos las tres Unidades de accidentes, claro, y vuelta a empezar. En caso de haber menos Unidades *Juliet* de servicio, los turnos se reparten entre los que estén, que bien puede ser turno único cuando hay un solo coche, lo que implica tener que hacer tú solo <u>todos</u> los accidentes que surjan esa noche. A medida que van saliendo los accidentes, los instruye quien está en *capilla*, es decir, a quien le toque.

La UNOC está dividida en dos grupos que nunca coinciden, con tres coches *Juliet* por grupo. Cuando un grupo trabaja, el otro tiene libre, y viceversa.

Otro caso divertido fue el de un señor de Santa Margalida que salió de fiesta por Palma y tuvo un pequeño accidente. Finalmente fue detenido por conducir con una tasa de alcohol superior a la permitida. Recordemos que la tasa máxima para conducir a día de hoy es de 0.25 mg de alcohol por litro de aire espirado, y que a partir de 0.60 mg/l tiene la consideración de delito. Yo personalmente opino que debería modificarse la ley y establecer 0.0 al volante, como en muchos países de Europa, porque el mero hecho de tolerar una pequeña tasa a la hora de conducir, ya se da pie al consumo, y son pocos los que conozco que sepan a ciencia cierta que han llegado a ese "0.25".

Ese señor, típico hombre de campo, fuerte como él solo, grandote, de manos anchas y de muy buen humor, aceptó su detención.

Al cabo de unas horas, el Instructor de Sala determinó su puesta en libertad para que se fuera a casa. Cuando fui a sacarlo de la celda (no es una tarea que me corresponda a mí, sino al encargado de calabozos, pero casualmente yo estaba por ahí, y como me cayó tan bien el hombre pedí a ver si podía hacer yo el trámite), me dice el detenido:

- ¿Cómo? ¿Qué ya me puedo ir? —serían las 4 de la mañana.

- Sí, hombre, recoge tus enseres personales y puedes irte.

- ¿A casa?

- ¡Claro! No te vas a ir de fiesta otra vez, ¿no? —le vuelvo a decir, sorprendido.

- ¡¡Nooooo!! — entre risas muy contagiosas, con lágrimas en los ojos -. ¡A casa nooo! ¡Usted no conoce a mi mujer! ¿No puedo quedarme aquí a dormir?

- Que no, hombre, que te tienes que marchar, ¿cómo te vas a quedar en el calabozo? —le insistía yo.

- No, fuera bromas —me quería explicar, sin poder aguantar la contagiosa risa-. De verdad, llame a mi casa y dígale a mi esposa que han cambiado de opinión y que tengo que quedarme hasta mañana. Así ella se irá a trabajar y cuando yo llegue a casa ella ya no estará.

- ¿Pero que me estás contando, hombre? —al final hasta yo me estaba riendo, sin poder contenerme.

- ¡Jajaja! —se reía fuertemente-. ¡Y ya verá usted cuando se lo cuente a su madre! ¡Si mi mujer me da miedo, no le digo mi suegra! —y más risas sonoras.

Fue realmente una situación tremenda, de mucho humor. El señor se lo tomaba a cachondeo, y yo no sabía qué hacer. Me costó, pero finalmente pude sacarlo. Es el primer caso que he visto que en vez de no querer entrar en la celda, ¡no haya querido salir!

8. El repartidor de comida china

En otra ocasión llegamos a un accidente donde uno de los implicados estaba boquiabierto frente a un chino repartidor de comida. El accidente tuvo lugar en el barrio de Son Oliva.

- Buenas noches, ¿hay alguien herido? – me interesé. Al contestar que no, pedí que me contaran lo ocurrido.

El chino no hablaba "ni jota" de español, y el otro implicado, todavía absorto, me dijo:

- Es que él se ha saltado el semáforo en rojo, con su moto de repartidor, y tras el accidente ha caído al suelo. Ha sido un golpe muy fuerte, ¡no hay más que ver cómo ha quedado su moto! Hasta perdió uno de los zapatos mocasines que llevaba puesto y que yo se lo entregué en mano. Lo cogió, se lo puso ¡y se fue corriendo a toda velocidad!

- ¿Y qué tiene de peculiar? –pregunté-. Ha vuelto otra vez, ¿no?

- Pero es que no es él, agente. Fíjese, lleva la misma chaqueta de repartidor y el mismo casco de motorista en el brazo, pero ni es él ni lleva mocasines, ¡sino que lleva deportivas!

Me fijé ¡y era cierto! Hicimos entrar al chino en la furgoneta de policía, cerramos la puerta y le dijimos al chino:

- ¡Bájate los pantalones! –mientras paseaba suavemente la mano por la *porra*.

Parecía que no entendía, o eso decía él. Insistimos con más gravedad.

- ¡Que te bajes los pantalones!

No sé qué se pensaba el chino que le íbamos a hacer, pero su cara amarilla cambió a pálida. Poco a poco se desabrochó los pantalones y se los bajó, mientras nos miraba con unos ojos más redondos que rasgados.

- ¡Ajá! ¡Lo sabía! Ni un rasguño en las rodillas, ni en los muslos, ni en las manos. Tú no eras el que conducías la moto. Ya puedes subírtelos. ¡Mira cómo ha quedado tu ciclomotor, completamente destrozado y con el eje partido!

El chino, que volvió a coger aire, suspiró. Empezó a hablar en español como si fuera de Torredonjimeno, pueblo de la provincia de Jaén. Me confirmó que, efectivamente, el conductor era otro. Pero como tenía miedo salió corriendo y le pidió a él que fuera en su lugar. Se intercambiaron la chaqueta y el casco, y se presentó el amigo en el lugar del accidente.

Así pues le dije que ya me estaba trayendo al otro conductor implicado, o que "la liábamos parda".

Al cabo de unos minutos se personó con el otro chino, que sí presentaba lesiones, y asumió la responsabilidad.

Por cierto, la comida que iba a entregar a domicilio ya estaba fría, y como vimos que la iba a tirar a la basura, le dijimos:

- Oye, si la vas a tirar, ¿nos la podemos quedar nosotros?

A lo que mi compañero añadió con voz grave y semblante serio:

- ¡Es una prueba del accidente!

El chico nos la regaló, y gracias al microondas del Cuartel esa noche todos los de comisaría cenamos *chop-suey*.

9. ¿Cómo que la culpa es nuestra?

Para realizar los atestados en el lugar de los hechos, las furgonetas de accidentes llevan en la parte trasera una oficina con una mesa, dos asientos, un ordenador y una impresora. Tenemos acceso a mucha información desde allí, aunque en ocasiones hay que recurrir a la Emisora para realizar gestiones paralelas (siempre las tramitamos a través del canal 2 a fin de permitir que el principal, el 1, quede libre para emergencias y servicios). Debo admitir que la dotación de material policial en Palma está pero que muy bien.

Sin embargo, para esta ocasión he echado mano de otros amigos que pertenecen al mundo de la noche: los fotógrafos profesionales. Nuestra relación con los que cubren las noticias más relevantes es fluida y de gran amistad. Siempre a pie del cañón, haga frío o llueva, los que te mantienen informado de la realidad de la noche comparten con nosotros muchos momentos de trabajo, de angustias y de alegrías. Tanto Vasil Vasilev (vasilvasilev.es), como Sebastià Amengual (fotoamengual.wordpress.com), se han ofrecido desinteresadamente a cederme varias imágenes de accidentes para este libro. Ellos han inmortalizado en multitud de ocasiones nuestra realidad. Para ellos mi agradecimiento personal.

En cierta ocasión perdí bastante tiempo, y bastante paciencia, en intentar hacerles comprender a un grupo de personas que la responsabilidad de un accidente era suya.

- Vamos a ver —les explicaba al conductor y acompañantes-. Ustedes circulaban con su coche por calle Manuel Azaña, en dirección al mar ¿correcto?

- Sí señor —me respondieron.

- Bien. Al llegar a la altura de la calle Caracas han pretendido girar a la izquierda. ¿Cierto?

- Sí señor.

- Vale. Primero, tenían ustedes el semáforo en rojo. Segundo, la señal vertical está bien clara: "Prohibido girar a la izquierda" hacia calle Caracas, y tercero, para colmo hay doble línea continua en el suelo que refuerza el que no podían girar. Aún así ustedes lo han hecho, interceptando la trayectoria del autobús de la EMT que sí circulaba correctamente en sentido contrario, ¿estoy en lo cierto?

- Sí señor.

- Y para colmo, ¡están todos ustedes borrachos!

- Pero señor agente, la culpa es del conductor del autobús, que cuando vio que girábamos por donde no debíamos… ¡no frenó! Además, es cierto que andamos muy tomados, más razón aún para que ese chofer frenara, ¡ya que nosotros no estamos en condiciones de conducir!

No cabe duda que ese razonamiento me dejaba un tanto perplejo, a la vez que preocupado. La situación fue derivando a cotas insospechadas, pues en un momento dado me vi escuchando a uno de los borrachos que no paraba de hablar diciendo cosas incoherentes; otro había empezado a bailar una canción que sonaba en la radio del coche accidentado, y agarró por las manos a una chica que también iba en el coche y se marcaron unos pasos en medio de la calle; y el último de los pasajeros estaba vomitando apoyado en el capó del vehículo.

No me cupo duda que esta anécdota tenía que ser apuntada. Al final, como es obvio, el conductor fue detenido, y a los demás les recomendamos que se fueran a casa a *dormir la mona*.

10. Y el culpable es… (redoble de tambores)

Otra anécdota muy divertida ocurrió en Paseo Mallorca, frente a las dependencias de la Policía Nacional (CNP). Dos coches que circulaban en el mismo sentido estaban parados en el semáforo que hay a la altura de calle Simó Ballester (antigua calle Ruiz de Alda). Al ponerse en verde, arrancaron al mismo tiempo, pero uno de los dos se desvió de la trayectoria (ligeramente en curva), salió de su carril y rozó al otro, siendo lo que en terminología policial se conoce como un *raspado negativo*.

Cuando llegamos al lugar de los hechos los implicados habían desplazado sus vehículos para no afectar a la circulación, estando ahora los dos aparcados en el lado derecho de la vía, a unos 30 metros del lugar del impacto.

Obviamente, cada uno defendía que quien había provocado el accidente era el otro conductor. El señor "A" decía que cuando él ni siquiera se había puesto en marcha, la señora "B" pasó por su lado derecho como una exhalación rozándole su vehículo y llevándose el espejo retrovisor, y mantenía que él estaba parado en el momento de la colisión. La señora "B" decía que de eso nada, que arrancaron los dos a la vez y que fue "A" quien le invadió su carril y provocó el accidente.

Sin más testigos que los implicados, ni vestigios en la calzada (pues era un accidente de poca cosa), ni nada que pudiera determinar quién era el responsable del siniestro, se hacía muy difícil –por no decir imposible- levantar atestado.

Entonces me di cuenta que en el CNP había varias cámaras de seguridad enfocando al edificio, y que era posible que alguna hubiera captado la secuencia.

Entré en las dependencias policiales y les conté lo ocurrido y si podía visionar las cámaras de seguridad.

- ¡Claro, hombre! –me dijeron los agentes destinados en puertas-. Aquí queda todo grabado. A ver si lo encuentras.

Me senté delante del monitor y empecé a reproducir las imágenes, hasta que al fin lo encontré. Mientras tanto, mi compañero esperaba en la calle con los implicados.

Las cámaras no dejaban lugar a dudas. A las 01:13:24 (pude ver hasta el segundo exacto del accidente… ¡ojalá todos fueran así!), quedaba aclarado que el conductor "A", al contrario de lo que manifestaba, inició la marcha al mismo tiempo de "B", y se veía perfectamente que salía de su trayectoria, se metía en el carril de la conductora de "B" y chocaban.

Cuando salí del edificio me acerqué a paso lento hasta los implicados, que me miraban nerviosos desde la lejanía. Él ("A") se movía de un sitio a otro, y ella ("B") se mordía las uñas.

- Bueno —dije pausadamente-, las cámaras del Cuerpo Nacional de Policía han captado la secuencia, y queda muy claro de quién es la responsabilidad del accidente.

Todo ello lo iba diciendo tranquilamente, a fin de ir aumentando la emoción, como en uno de esos programas de la tele que tardan tanto en dar la respuesta correcta.

- Se puede visualizar como uno de ustedes sale de su trayectoria, invade el carril del otro implicado, y provoca el accidente.

Silencio premeditado. Me miraban fijamente a los ojos sin decir palabra, pero muy nerviosos.

- Y queda claro que el accidente ha ocurrido exactamente a la 01:13:24 segundos…

Nueva pausa corta.

- Y el responsable del accidente es… -tres segundos de silencio-… ¡usted! —dije mientras señalaba con el brazo y el dedo índice extendidos al señor "A".

Como si efectivamente de un concurso se tratara, con un grito de "¡noooooo!" se llevó las manos a la cara, mientras la señora "B", con los brazos en alto en señal de victoria saltaba de alegría gritando "¡sí! ¡sí! ¡Sííííí!".

Solo faltaba la música de fondo para convertir esa situación en una parodia increíble de "Atrapa un millón".

11. El accidente del coche que se encogió

Cada accidente es diferente. No solo por sus propias peculiaridades, sino por las causas envolventes. La inspección ocular del accidente es un trabajo de campo que se realiza en el mismo escenario del siniestro y que tiene por objeto la recogida de todos los datos sobre los elementos que pueden aparecer en el accidente, los cuales serán objeto de investigación *in situ* para su posterior análisis y estudio. Los factores que influyen en el accidente son el humano –la mayoría de las veces-, la vía y el vehículo.

Buena prueba de ello es el día que nos requieren por un accidente sin heridos en pleno centro de Palma. Se trataba de una calle estrecha, de un solo sentido de circulación y con unas aceras también muy estrechitas por las que apenas pasaban dos personas. Al llegar, nos requiere un señor bastante embriagado:

- Mire usted, agente, un coche ha dado un golpe al mío y ha aparcado justo delante –nos decía con un aliento que mataba hasta a las ratas.

Nos acercamos, vemos que los coches en cuestión están aparcados en el lado derecho de la calle y, efectivamente, el coche que está enfrente del suyo tiene pegada la parte trasera a la delantera del coche del requirente. Además, el vehículo del señor que nos ha llamado tiene el retrovisor exterior derecho roto.

Pero había algo que no me acababa de cuadrar.

- Vamos a ver, señor, ¿me puede contar su versión de los hechos?

- ¡Pues está muy claro, hombre! —me contestó indignado mientras apenas se aguantaba en pie-. Este coche ha pasado por la acera, me ha roto el retrovisor derecho y ha aparcado delante del mío, hundiéndome el parachoques.

Yo alucinaba… ¿Qué había pasado por la acera? ¡Si apenas cabía yo! Además, el coche del requirente estaba delante de un vado permanente de una finca, y tenía el motor caliente mientras que el de delante estaba frío como una tumba. Para colmo, dentro del coche del que nos había llamado había varias litronas de cerveza.

- Así que este coche se ha encogido, casi como una moto, ha pasado por esta acera en la que ahora estoy yo y en la que apenas quepo, y le ha roto el retrovisor, ¿no es así? – le pregunté con sarcasmo.

- ¡Sí! ¡Eso ha pasado! —me contestó sin dudarlo.

- Muy bien, señor —le dije al susodicho-. Le voy a decir exactamente lo que ha ocurrido. Usted ha venido conduciendo, bebido, y ha tenido un accidente no sé dónde, pero lo encontraré. Ha aparcado su coche pegado detrás de este otro, para echarle la culpa. Hay dos evidencias de todo ello: Una es que su coche está caliente y el otro frío, lo que demuestra que el otro lleva más tiempo parado. Y dos, usted está delante de un vado permanente de una finca comunitaria, así que obviamente no hace mucho que acaba de dejar su coche aquí. Por otro lado, ¿me está intentado convencer que este coche ha pasado por una acera de apenas medio metro de ancho, y le ha roto el retrovisor derecho? Creo que se está metiendo en un buen problema, señor.

- No, no, no era yo quien conducía. Era… mmm… era… ¡mi novia! —se pilla antes a un mentiroso que a un cojo.

- Pues ya le está diciendo a su novia que venga. Es más, haga el coche para atrás, porque como le haya hecho algo al de delante, tendrá que responder usted de los daños.

Yo me aguantaba la risa, y es terriblemente difícil tenerse que poner la careta de poli gruñón en casos tan surrealistas como éste y no poder reírte. Al final, el otro vehículo no presentaba daños, y un amigo suyo que no había bebido retiró el vehículo.

12. El atropellado misterioso

Muchas veces las llamadas de accidentes entran a través del servicio de emergencias 112. En cierta ocasión nos pasaron el aviso de un accidente con heridos graves en la rotonda de "La Ponderosa", en la salida 10 de la autopista de Llucmajor.

Nos dirigimos varias dotaciones en emergencia, y al llegar no vemos nada. Pedimos a Base que amplíe información, mientras realizamos una batida por la zona y calles aledañas, sin encontrar nada.

Al cabo de un rato, nos comunican desde Emisora: "Anulad, chicos, que el accidente ha sido en Ibiza y se han confundido". Más de uno comentó por frecuencia: "¡Pues yo paso de irme a Ibiza!", "¡Pues yo sí que voy! ¿Incluyen entradas a *Pachá*?".

Las bromas por emisora no suelen ser frecuentes, pero bueno, alguna siempre se escapa, hasta que el X0 pone orden.

La cohesión entre las Unidades nocturnas es muy importante. El compañerismo predomina, porque sabemos dónde estamos metidos. Y esta forma de actuar es más obvia aún si cabe entre las Unidades *Juliets*. En mi turno estamos J4, J7 y yo, J8, mientras que en el turno nocturno opuesto trabajan J3, J5 y J6.

Si no hay otros accidentes en proceso, cuando una de las patrullas radia por emisora: "A todas las Unidades. Buscamos un vehículo implicado en accidente, de marca tal, modelo cual, con placas de matrícula X y domiciliado en la calle Y, que se ha dado a la fuga y es probable que el conductor esté bajo la influencia de bebidas alcohólicas", inmediatamente uno de los *Juliet* se dirige al domicilio que figura empadronado el vehículo y otro recorre la zona inmediata al accidente, mientras que la Unidad instructora realiza el atestado en el lugar del siniestro. El trabajo en equipo entre los componentes de coches de accidente es habitual, siendo además de compañeros, muy buenos amigos.

Eso ocurrió en una ocasión en el Vivero. El vehículo de accidentes en *capilla* era J4, al que le pasaron un atropello de una peatón en ese barrio. La chica atropellada era de la zona, por lo que el concurrido bar que había justo al lado del paso cebrado, al presenciar el accidente se vació de golpe para ir a por el conductor. Éste, al ver la que se le avecinaba, salió por patas sin dar aviso a nadie de lo ocurrido.

Al momento, en cuanto tuvo conocimiento J4 de lo que había pasado, dio el aviso por frecuencia. J7 fue hacia al domicilio que salía en base de datos del titular del vehículo y nosotros, J8, recorrimos los alrededores del lugar del accidente, para ver si por casualidad encontrábamos al fugado.

Ahí donde estaba la chica se aglomeró una cantidad bárbara de personas… ¡madre mía! Nunca había visto tanta gente yendo y viendo. Además, se acumuló en ese punto una multitud de patrullas de policía, ambulancias, gente corriendo… ¡Era espectacular!

Al cabo de tres cuartos de hora, aproximadamente, la cosa empezó a tranquilizarse. La ambulancia se llevó a la chica, muchos volvieron a sus casas y otros tantos entraron de nuevo en el bar. La Unidad J4, que había terminado de instruir, se marchó, y yo me quedé un rato más.

Estaba mirando la vía, la iluminación de las farolas, y qué otros factores pudieron influir en el accidente, cuando un chico con el rostro totalmente pálido y desencajado sale del interior del bar, ayudado por dos personas, y me dice:

- ¡Es que a mí también me han atropellado!

- ¿Cómo? –respondo sorprendido-. ¿Cómo es que no has salido cuando estaba todo dios por en medio?

- Es que no me encontraba muy bien, y estaba muy asustado…

- ¿Y qué te ha hecho a ti? –me interesé.

- La pierna… -me enseñaba un golpe en su pierna mientras se subía los pantalones.

Hala, vuelve a reactivarlo todo, ¡y de nuevo gente por todas partes corriendo de un sitio a otro! Imagínate la escena: todo un bar repleto de clientes sale a la carrera a por el conductor del coche, y mientras tanto un asustadizo chico entra cojeando por sí solo en el bar ahora vacío, se sienta en una silla y queda pálido durante cuarenta y cinco minutos, mientras en la calle hay un desmadre montado con personas alteradas, coches de policía y ambulancias... ¡y nadie sabe nada de él!

- J4 de J8 –radié por frecuencia.

- A la escucha.

- Vuelve de nuevo para acá, que tenemos más atropellados.

- ¿Qué? ¿Qué dices, J8?

- Que te siguen saliendo heridos...

13. *Murphy* actúa con esmero

Un accidente que me dio mucha rabia fue el atropello de un chico en S'Aranjassa. Sí, sé que iba a contar la cara amable, pero este caso fue excepcional, porque *Murphy* se esmeró con toda su alma.

Imagínate que un chico ha salido a cenar con los amigos y regresa a casa sobre las 02:00 de la mañana. Aparca el coche en la solitaria y silenciosa S'Aranjassa. ¿Cuánta gente habrá andando a esas horas por ahí normalmente? ¡Nadie! Solo un caso aislado.

Va caminando por la acera, a punto de entrar en su vivienda. Por la calle viene un coche, a no demasiada velocidad, conducido por un alemán muy bebido. ¿Cuántos coches estarán circulando a esas horas por ahí normalmente? ¡Ninguno!

Por aquella de las malditas casualidades, el coche revienta una rueda y pierde el control. El chico se gira en redondo al oír el estampido producido por el reventón y el coche lo atropella sobre la acera, para darse luego a la fuga.

Al principio no comprendíamos cómo podía haber ocurrido. El joven solo presentaba lesiones en todo su costado izquierdo, pero ese lado era el que daba a la pared de la vivienda y no a la calle. Desde donde él había aparcado su coche, caminando en dirección a su domicilio, el lado izquierdo iba pegado a las fachadas de las casas. Luego supimos que, como he dicho, debido al petardazo del reventón debió girarse en redondo para ver de dónde provenía el estruendo, y fue el lado por el que recibió el golpe.

Al canalla del conductor lo cazamos varios kilómetros más adelante. Se paró en la cuneta de la carretera a cambiar la rueda, pero como iba tan bebido lo encontramos dormido en el interior del vehículo, el cual tenía el parabrisas quebrado y con restos de sangre y cabellos humanos.

- Ha sido un pájaro —balbucía el alemán.

- Sí, claro, un pájaro con pelos… ¡tú sí que estás hecho un buen pájaro!

14. Adivina, adivinanza, qué droga no ha tomado

Sé que suena a rollo, pero si te fijas en el resumen de lo que dice el Código Penal en su Capítulo IV sobre los delitos contra la seguridad vial, podrás comprender muchas cosas de las que tocamos a diario en un accidente de circulación (Ver figura 2). Este esquema lo ha facilitado Guardias Civiles para la Democracia (gcpd.es).

En otra ocasión nos pasaron un accidente sin heridos en el barrio del Amanecer. Un coche se había estampado contra una furgoneta cargada de trastos y contra otro turismo estacionado.

La furgoneta quedó para el desguace, y el hombre que iba conduciendo parecía estar aturdido dentro del coche.

- ¿Se encuentra usted bien, caballero? ¿Quiere que solicitemos una ambulancia? —le pregunté al conductor.

- No, no, gracias, es que estoy muy cansado. Llevo todo el día trabajando en la obra, y estoy reventado…

Bueno, pues nada, viendo que había dado 0,00 mg/l, es decir, ni pizca de alcohol, nos ponemos a rellenar datos y más datos, cuando en un momento dado me acerco a preguntarle su número de teléfono y me lo encuentro durmiendo con la cabeza pegada al volante.

- ¡Eh! ¡Oiga! –le digo mientras le zarandeo.

- Sí, sí… ¿qué pasa?

- ¿Cómo que qué pasa? Usted ha tomado algo, ¿no?

- ¿Yo? Nooo… ¡qué va! – mientras cerraba los ojos.

- ¡Sí, claro! Acaba de tener un accidente espectacular, ¿y le entra el sueño de golpe? –le dije.

Observo que tiene una mochila en el asiento trasero. La cojo y empiezo a sacar del interior pastillas, agujas para inyectarse heroína, papelinas… ¡menudo arsenal de drogas!

Obviamente fue detenido por conducción bajo la influencia de sustancias estupefacientes (CBISE), y tras el análisis que se le hizo en el hospital Son Espases salió positivo en todo (art. 379.2 del Código Penal).

¡Menudo trabajo le dimos a las máquinas del hospital! ¡Debieron echar humo!

ART.	CONDUCTA				PENA
379.1	Superar velocidad: - 60 km/h en vias urbanas - 80 km/h en vias interurbanas				Prisión de 3 a 6 meses ó Multa de 6 a 12 meses ó Trabajos de 31 a 90 dias y Privación derecho conducir →1 año hasta 4 años
379.2			Etilómetro nuevo	Etilómetro reparado, modificado o revisado	Prisión de 3 a 6 meses ó Multa de 6 a 12 meses ó Trabajos de 31 a 90 dias y Privación derecho conducir →1 año hasta 4 años
	Tasa de alcohol superior a 0,60 mg/l		0,64 (incluido)	0,65 (incluido)	
	Bajo influencia (Instrucción 3/2006 FGE): o Sintomas evidentes o Infracción denote conducción peligrosa o Haber provocado accidente		0,43 (incluido)	0,44 (incluido)	
380.1	Temeridad manifiesta y poniendo en concreto peligro la vida o integridad de las personas				Prisión de 6 meses a 2 años y
380.2	Superar velocidad (delito) + superar tasas y/o bajo influencia (delito)				Privación derecho conducir →1 año hasta 6 años
381.1	Temeridad manifiesta y poniendo en concreto peligro la vida o integridad de las personas con manifiesto desprecio por la vida de los demás				Prisión de 2 a 5 años y Multa de 12 a 24 meses y Privación derecho conducir de 6 a 10 años
381.2	Temeridad manifiesta con manifiesto desprecio por la vida de los demás				Prisión de 1 a 2 años y Multa de 6 a 12 meses y Privación derecho conducir de 6 a 10 años
383	Negarse a someterse a las pruebas de alcohol, drogas…				Prisión de 6 meses a 1 año y Privación derecho conducir →1 año hasta 4 años
384	PERDIDA PUNTOS	ES DELITO CUANDO:			
		SE ENCUENTRE EN PERIODO DE PERDIDA DE VIGENCIA	PASADO EL PERIODO, NO REALIZA CURSO DE SENSIBILIZACIÓN/ REEDUCACION VIAL Y NO SUPERA PRUEBAS		
	NO HABER OBTENIDO PERMISO/LICENCIA (VARIOS SUPUESTOS)	A- Conducción cualquier vehículo sin ningún permiso ni licencia: DELITO B- Conducción de turismo, autobús o MMPP con solo las actuales licencias LCM y LVA: DELITO C- Conducción de Autobús escolar o MMPP con Permiso de la clase B o de la clase AM, INFRACCIÓN ADMINISTRATIVA (siguiendo el criterio de la Fiscalia de CS)			Prisión de 6 meses a 2 años ó Multa de 12 a 24 meses y Trabajos de 10 a 40 dias
	RETIRADA JUDICIAL MENOS DE DOS AÑOS	ES DELITO DURANTE EL PERIODO QUE DURE LA CONDENA			
	RETIRADA JUDICIAL MAS DE DOS AÑOS	ES DELITO DURANTE EL PERIODO QUE DURE LA CONDENA ACABADO PERIODO RETIRADA, NO REALIZA CURSO DE SENSIBILIZACIÓN REEDUCACION VIAL Y NO SUPERA PRUEBAS			Delito quebrantamiento condena- Art. 468 CP (Circular 10/2011 FGE) multa de 12 a 24 meses

15. El alemán errante

El tema de las drogas va íntimamente ligado a la noche, y ciertamente supone un grave problema social. "¿Por qué no cerráis Son Banya?" me comentan mis conocidos. Es cierto, todo el mundo sabe que Son Banya es el gran mercado de la droga, pero yo entiendo que se obra así para tener localizado un punto en concreto. Por desgracia, droga hay -y parece que habrá- siempre. Se cierre o no Son Banya. El problema no es el poblado en sí, sino la droga y los consumidores.

"Tenéis que cerrar Son Banya"… eso también me dijo un joven alemán heroinómano que vive en Son Gotleu.

Íbamos de patrulla por la zona, cuando una persona nos para y nos dice que ha visto a un tío encapuchado al lado de un coche con la alarma sonando, y que estaba casi seguro que aquel le había roto el cristal. Nos dio una descripción muy aproximada del individuo y comenzamos de inmediato la búsqueda por la zona, cuando otro ciudadano nos volvió a parar y nos informó de lo mismo, pero esta vez en otro coche… tras varios minutos de exploración, y sin poder encontrarlo, decidimos ir a ver los daños de los coches.

Al final localizamos siete vehículos violentados, con los cristales rotos y todo revuelto en su interior. Tomamos notas de las placas de matrícula y avisamos a sus propietarios (¡menudo susto que te llame la Policía a la una de la mañana a tu casa!).

No dándonos por vencidos, al cabo de un buen rato seguimos buscando por la zona, y por esas casualidades de la vida vemos a un joven alemán saliendo de un edificio, y que responde perfectamente a la descripción facilitada.

- ¡Eh, tú, para! –le ordeno.

El chico no hablaba español, pero por suerte chapurreamos algo de inglés y alemán, por lo que entablamos conversación. El alemán hablaba un inglés perfecto.

- ¿Qué llevas encima? –ya en alemán.

- Nada.

Tras cachearlo, no encontramos nada relevante.

- ¿Vives aquí? –le digo señalando la entrada del edificio del que acaba de salir.

- Sí

- ¿Podemos subir a tu casa?

Dándonos permiso, vemos que reside en uno de esos muchísimos pisos que hay por Palma en los que se alquilan las habitaciones por separado. Estas casas suelen ser siempre inhóspitas, frías y sucias. Tras abrir el candado de su habitación (pues es el medio que tienen de asegurar que alguno de los extraños con los que comparten vivienda no les roben sus escasas pertenencias), entramos en una pequeña estancia que bien podría haber salido de la película *Trainspotting*. Jeringuillas tiradas por el suelo, ceniceros llenos de restos de porros, papel de plata quemado por encima de la cama… todo mezclado con un fuerte olor a suciedad y basura esparcida por todas partes. El plato de comida frío estaba en el suelo con una colilla apagada entre los restos, frente a un pequeño y destartalado televisor. Sí, eso también pasa en nuestra ciudad, y mucho más de lo que nos imaginamos.

Veo que sobre la cama tiene una mochila que coincide con la descrita por los testigos.

- ¿Puedo mirar? –mientras la señalo.

Dentro de la mochila había luces de recambios de coches, documentación de uno de los vehículos afectados (al preguntarle de quién eran esos papeles, me dijo que de "una novia suya"), destornilladores, frontales de radio… y un martillo de esos para romper salidas de emergencia, con el que se cargó los cristales de los siete coches. Procedimos a detenerle por robo con fuerza en las cosas.

Mientras esperábamos en la calle a que llegara la Unidad de traslado, ya que nuestra furgoneta de accidentes carece de mampara de seguridad, el joven alemán se tumbó en el suelo, apoyando la cabeza en la mochila, terriblemente abatido.

Hablaba casi susurrando, medio tembloroso, a punto de pegarle "el mono" o síndrome de abstinencia. Fue entonces cuando me dijo con voz muy baja y desgastada: "Tenéis que cerrar Son Banya. Ese sitio no es bueno".

- ¿Has estado muchas veces? –le pregunté, aunque ya me imaginaba la respuesta.

- Doscientas, trescientas… no sé. Cada día –y se quedó tumbado, recogido en posición fetal.

Vi entonces un chico perdido, frágil y olvidado. Ese joven provenía de una eminente ciudad universitaria alemana, y el hecho de que hablara tan bien inglés me hacía pensar que había tenido una buena educación. Y ahora estaba ahí, tirado en el suelo de Son Gotleu, viviendo en una habitación moribunda en un piso decrépito. Sin nadie a su alrededor, completamente enganchado a las drogas.

"Candy came from out on the island,
In the backroom she was everybody's darling,
But she never lost her head
Even when she was given head
She said, hey baby, take a walk on the wild side
She said, hey babe, take a walk on the wild side
And the coloured girls go, doo doo doo, doo..."

16. Los lunes a la *luna*

Uno de los principales problemas con los que se enfrenta nuestra sociedad hoy en día es el de la droga, problema que representa una gran preocupación ya que afecta especialmente a un sector determinado: la juventud.

Tal y como nos explicó allá en el año 2005 el profesor Pedro Toledo en la academia de Policía de la EBAP (Escuela Balear de Administración Pública), "el uso de las drogas es milenario. El hombre las ha utilizado en su propio beneficio ya que la mayoría de ellas, usadas terapéuticamente, son de gran utilidad para el tratamiento de un sinfín de enfermedades. Son, por tanto, utilizadas masivamente en medicina e industria, por lo que no se concibe hoy en día una sociedad en la que no existan de algún modo diversos productos que entran de lleno en el término "droga".

El problema no radica en la existencia o no de las drogas, sino en el porqué de su consumo (la finalidad), y en la persona consumidora.

Como se ha dicho, las drogas han existido siempre. Si quisiéramos hacer un pequeño análisis del consumo de drogas por la humanidad, deberíamos distinguir cuatro grandes etapas:

Una primera caracterizada por un desconocimiento del problema como tal. Es decir, se consumían drogas sin advertir que dicho consumo fuera algo nocivo o perjudicial. En algunos tiempos y lugares se empleaban en ritos religiosos, en otros como fuentes de placer, en otros como medicamentos ignorando el fenómeno de la adicción.

La segunda etapa identifica el abuso de drogas como causa de una serie de problemas que poco a poco van generando una reacción social recriminatoria. En esta etapa se atiende más a las sustancias que al individuo y sobre el consumo de drogas, si bien no se criminaliza en sentido estricto, se aplican una serie de medidas coercitivas para erradicarlo (antigua Ley de Peligrosidad y Rehabilitación Social).

En la tercera etapa se atiende más al carácter terapéutico del problema, considerándose al toxicómano como un enfermo susceptible de desintoxicación y rehabilitación en un medio adecuado, dejando de ser el consumo de drogas una cuestión jurídico- policial, para convertirse en un problema médico-social.

La cuarta etapa, que es en la cual nos encontramos, se caracteriza por considerar la prevención como el eje fundamental para paliar dicho problema. La prevención a través de la información y la educación. En esta última etapa, la intervención social e institucional se aplica en tres grandes ámbitos fundamentales:

1) Control de la oferta. Acciones encaminadas desde el punto de vista internacional a reducir la producción y distribución de drogas ilegales.

2) Una progresiva reducción de la demanda, basada en una adecuada información a todos los niveles y encaminadas a disminuir el interés de la población juvenil hacia las drogas. No hay que olvidar que tras todo consumo de drogas hay una actitud personal que favorece o predispone al consumo de aquéllas.

3) Una política de reducción de riesgos inherentes al consumo.

Si hay una lección que he aprendido en estos años, es que el mundo de la noche tiene sus propias reglas y códigos. Es un sórdido mundo lleno de incertidumbre, pero hasta el delincuente habitual tiene algo que decir.

Al final acabas por involucrarte, por conocer al individuo y por comprenderlo. No lo justifico en ninguno de los casos, pero solamente no comprende quien no conoce. No es un problema que tenga una respuesta o explicación sencilla, cada persona enganchada a las drogas tiene su propia historia. Rasgos de humanidad que aparecen a ratos, ligados a la adicción y a la dependencia. Dentro de la miseria en la que se vive, hay un lugar para el corazón y el alma. Un lugar pequeño, pero ahí está.

Es encomiable la labor que realizan las personas que se dedican a la ayuda social. Es una vocación solidaria socorrer desinteresadamente a los más desfavorecidos. Tanto las entidades religiosas, como las laicas, gubernamentales o no, tienen técnicos y voluntarios dignos de loar. Mi aprecio por ellos no hace más que ir en aumento. Gracias a ellos, somos mejores personas.

Una noche, al comenzar el servicio a las 22:00 h., nos radiaron una incidencia en el Coll d'en Rabassa. "Una persona indispuesta tumbada en un banco. No saben si respira".

Cuando llegamos vemos que hay un joven recostado tapado con una manta. Cuando me estaba dirigiendo hacia el individuo, una señora me avisa y me dice que ella le ha puesto la manta, porque el chico llevaba tumbado en el banco desde por la mañana, "*i es pobret estaba mort de fred*".

Me acerco y le miro. Está consciente. Respira entrecortadamente. Abre los ojos y veo en su mirada un ligero atisbo de sorpresa. Los vuelve a cerrar.

- ¿Cómo te llamas?

- Javier —creo que fue lo que me respondió.

- ¿Qué te ocurre?

No hay respuesta. Se reacomoda, estira la cabeza y vomita sobre el vomitado que ya hay a sus pies. Vuelve a estirarse en el banco, pálido y sudoroso.

Como pudiéndose escapar momentáneamente de las garras del demonio que le invade, con la inocente mirada de sus ojos azules me dice:

- Lo siento mucho, agente, no es mi intención molestarle…

Fue un momento fugaz, pero por un instante ese chico salió a la luz, volvió a ser él. Una persona normal como tú o como yo. Poco duró, pues las garras de la droga salieron de la nada y le cogieron del cuello para volverlo a meter en el mundo de las sombras.

"Little Joe never once gave it away
Everybody had to pay and pay
A hustle here and a hustle there
New York city is the place where they said:
Hey babe, take a walk on the wild side
I Said hey Joe, take a walk on the wild side"

17. El autocar fantasma

Esa misma noche me pasaron un accidente en el Polígono de Son Castelló. Ahí suelen ser peliagudos, pues es normal que de noche vayan jóvenes a realizar carreras o simplemente el tonto con el coche. Ya sabes, trompos, derrapadas y cabriolas diversas, que si lo mezclamos con alcohol y algún que otro porro o raya de coca, pues pasa lo que pasa.

Pero no, eso sería lo más "normal" encontrarse cuando vas a un accidente en el Polígono. Lo que no esperaba encontrarme fue un caso tan sorprendente.

Llegamos al final de una de sus largas y anchas avenidas, y un señor nos muestra la parte de atrás de su coche hundida. Cuando nos cuenta lo sucedido, yo me quedo mirándolo perplejo.

- Yo aparqué mi vehículo aquí, en el lado derecho de la avenida, y me bajé del mismo —nos dijo a mi compañero y a mí-. Estaba en la acera, junto al coche, cuando veo una gran sombra avanzando por la calle viniendo directo hacia mi coche —me decía el requirente-. Me quedo mirando, sin saber qué es porque las farolas no funcionan, y empiezo a ver una gran silueta a lo lejos, como de un autocar o yo qué sé, ¡algo enorme! Yo me imaginaba la escena como una orca en las profundidades del mar acechando a su presa.

- A medida que se acerca, va cogiendo velocidad… ¡hasta que se estampa contra mi coche! ¡Y no había ni conductor ni nadie dentro!

- ¿Entonces qué hizo usted? –le pregunto.

- Pues entré en la oficina de la empresa para llamarles a ustedes –estaba aparcado frente a su lugar de trabajo-, cuando fuera oí pasos a la carrera mientras alguien gritaba "joder, joder, joder". Como estaba al teléfono no pude salir, pero escuché encender el motor de autocar y arrancar a toda velocidad. Cuando salí ya no había nadie.

Por suerte nos pasó la matrícula del autocar, y nos acercamos a una importante compañía que tiene sus garajes en la misma vía, exactamente a ¡ciento setenta metros! más arriba de la suave pendiente que tiene la avenida.

Por lo visto, el chofer había sacado el autocar de cocheras y lo dejó aparcado en la calle para irse a tomar un café, pero se le olvidó dejar puesto el freno de mano, o una marcha. Así que, poco a poco, el enorme vehículo empezó a desplazarse por la pendiente. Visualiza la escena: el conductor del autocar sentado en el bar, de espaldas a la calle, saboreando su humeante café, y detrás suyo a través del enorme ventanal se ve pasar una gigantesca sombra. El autocar empezó a desplazarse calle abajo, sin luces y en la sombra de la noche, directo al coche del pobre hombre que nos llamó. Cuando a través de su base de radio conseguimos dar con el conductor, solo se limitó a decir:

- ¡Bueno, tampoco ha sido tanto! ¡Si apenas habrá recorrido un metro!

18. Y bailaré sobre tu coche

Otro caso de exageración por falta de perspectiva al ser parte implicada, me ocurrió tiempo después.

Al parecer había tenido lugar un accidente en las inmediaciones del hospital Son Espases. Así ya como nos pasaron el accidente por la emisora, nos dejó un poco desconcertados... ¡las personas que iban en el interior del coche accidentado estaban bailando sobre el capó del coche! Lo primero que piensas: "otros que van pasados de coca".

Cuando llegamos, vemos que el coche implicado debía ir por Camí dels Reis en dirección a la rotonda del Polígono de Son Castelló, pero perdió el control, atravesó el carril contrario y acabó arrancando veintitrés metros de vallas metálicas, árboles y pilones de señalización, quedando metido completamente dentro de un terreno fangoso, un huerto para ser exactos.

Lo siguiente que vimos fue una multitud de pisadas de barro sobre el capó y sobre los asientos del coche. ¡Sí, ahí había habido fiesta!

Nos acercamos al cercano hospital de Son Espases, para ver si se había personado alguien para recibir curas médicas.

Era evidente que un accidente de esa envergadura debía tener heridos, por poco que fuera. Por lo que nos dirigimos al personal de seguridad del Hospital, que es gente muy maja y con los que mantenemos una estrecha relación. ¡Como que no son pocas las veces que nos vemos!

El Jefe de Servicio de Seguridad me dijo que no había llegado nadie, pero que si así fuera, nos avisaría.

- Fíjate si llevan los zapatos manchados de barro –le dije.

- No te preocupes. Si aparecen os llamamos.

Volvimos al lugar del accidente, para terminar de realizar la inspección ocular y la toma de datos y mediciones, cuando una pareja mayor llega en un coche. Eran los padres del conductor y, según nos manifiestan, se trata de un chico bastante joven.

- Somos los padres. ¿Ha visto a nuestro hijo? –me preguntó preocupada la madre.

- No, señora. Aquí ya no había nadie cuando nosotros llegamos.

Entonces la madre llamó por teléfono a su hijo:

- ¿Dónde estás? ¡Ven aquí que te voy a matar!

El chico empezó a darle largas, no sé si tenía más miedo de nosotros, que lo buscábamos porque sabíamos con certeza que iba bebido, o de su madre.

Primero le dijo que estaba en Son Espases… y todos nos fuimos otra vez a Son Espases. Luego dijo que no, que se había ido corriendo a otro sitio… todos hacia el otro sitio. Al final, viendo que no aparecía, les dijimos a los padres:

- Bueno, si al final lo encuentran ya vendrán a Comisaría a prestar declaración. Buenas noches.

Pero no contentos con eso, apagamos las luces de la torreta de nuestra furgoneta y nos escondimos encima de la rotonda flotante de la carretera de Valldemossa. Sabíamos que los padres no nos querrían llevar hasta su hijo, así que les seguimos a escondidas... Primero fuimos hasta la gasolinera del Polígono de Son Castelló, y nada. Luego les seguimos hasta el centro social de Ca l'Ardíaca, en calle General Riera. Y tampoco nada.

Los padres iban dando tumbos de un sitio a otro, sin rumbo fijo. Al final concluí que de quien realmente tenía miedo el chico era de su madre.

Al día siguiente se presentaron en el Cuartel de Sant Ferran, a prestar declaración. Me imaginaba lo que me iba a decir: "Que había perdido el control del coche, y que se fue porque tenía miedo". ¡Bah, lo de siempre!

Pero dos detalles me sorprendieron en su manifestación.

- ¿A qué velocidad ibas? —le pregunto mientras voy redactando el atestado.

- A unos 52 kilómetros por hora, aproximadamente -me contesta sereno.

- Vaya, eso sí es precisión... 52 kilómetros por hora... aproximadamente —yo le miraba con cara de "chico, ¿a qué juegas?"

- Exacto —se mantiene en esa postura.

- Ya. ¿Y cómo explicas, pues, que te cargaras 23 metros de vallas y arbustos?

- ¿23 metros? ¡Serán 23 centímetros!

Lo que te decía, otro caso de exageración, por falta de perspectiva al ser parte implicada.

19. Los "auto-inculpados"

En muchas ocasiones, el accidente más tonto y sencillo puede desembocar en una auténtica lucha de titanes. Nadie da el brazo a torcer, y "erre que erre la culpa no es mía, sino tuya". Aquí entra en juego nuestra capacidad de saber tomar manifestaciones correctamente. Son, junto a la inspección ocular, los grandes aspectos fundamentales a tener en cuenta. El resto, por supuesto, también tiene mucha importancia, ya que todos son eslabones de la misma cadena. Pero es en esos aspectos en los que especialmente debemos incidir.

Sin embargo, hay veces que el mismo culpable se delata, sin ser consciente de ello. Dos casos me vienen a la cabeza.

El primero ocurrió en La Vileta. Un señor mayor que iba conduciendo un 4x4, se cargó la puerta de otro coche aparcado, que ya estaba abierta en el momento en el que él pasaba. Si la puerta se hubiera abierto justo cuando pasaba el coche conducido por el señor mayor, la culpa sería del que la abrió, por no mirar. Pero es que el señor mayor insistía y reinsistía que la puerta estaba abierta "desde que él entro en la calle". No tuve nada más que preguntar.

¿Qué hacer en estos casos, que no hay acuerdos? Fácil, se le entrega a cada uno de los implicados una hoja con los datos del otro para que vayan a sus respectivas compañías de seguro y le cuenten su versión de los hechos. A partir de ahí, que se *peleen* entre las aseguradoras y, si no hay acuerdo, ya pedirán a la Policía el atestado para el juicio. Pero es fundamental mantener la calma y no pelearse.

El segundo caso tuvo lugar en Plaza París. La señora insistía en que estaba parada en primera posición frente a un semáforo en rojo y que, al ir a seguir la marcha cuando éste se puso en verde, se le fue el coche para atrás y chocó contra el otro vehículo que estaba completamente parado detrás del suyo. Pero ella tenía clarísimo que la culpa no era suya, "porque el de detrás tiene que mantener una distancia de seguridad con mi coche, por si se me va para atrás", me decía. Bien, otro caso fácil.

20. Donde dije *digo*, digo Diego

Cuando una de las partes se quiere ir del lugar del accidente es porque, obviamente, tiene algo que esconder. Lo más típico es ir bebido, no tener seguro o hasta que sea un coche robado, como alguna vez me ha pasado. Sin embargo, un día me encontré con un caso muy peculiar.

Nos avisaron de un accidente sin heridos en la rotonda de la Gran Vía Asima, en el Polígono de Son Castelló, y que uno de los implicados se quería ir del lugar de los hechos.

En estos casos aceleramos la marcha, porque si hay conflicto cada minuto es importante. Al llegar, vemos los coches en posición final en medio de la rotonda. Era una hora sin demasiado tráfico, pero al tratarse de una vía muy concurrida, marqué en el suelo con una tiza la posición de los coches, saqué fotos y los retiramos a un lado para evitar males mayores.

Uno de los vehículos se había saltado el "Ceda el paso" que regía su marcha y se introdujo en la rotonda sin percatarse de que otro coche estaba circulando por dentro de la misma.

Como había varios ocupantes en el vehículo causante, y al parecer ligeramente bebidos, le pregunté a la conductora del otro coche afectado:

- Disculpe señora, ¿podría decirme quién de todos ellos conducía? – y me señaló a escondidas a uno en particular.

Me fui hasta el grupo de chicos y les pregunté quién de ellos era el conductor, identificándose el que la chica me había dicho. Además, el coche estaba a nombre de su mujer, así que todo parecía tener sentido.

- ¿Tiene usted seguro?

- Sí señor.

- ¿Ha bebido?

- Un poco – ya está, me dije a mí mismo, ya sé porqué te querías ir.

Pero no olía demasiado a alcohol, y al hacerle la prueba dio 0,10 mg/l, cuando el máximo permitido es 0.25 mg/l.

Mmmm… me quedé pensativo.

- A ver, la documentación –le pedí.

Tenía seguro en regla, ficha técnica, permiso de circulación, carné… ¿y el carné?

- Disculpe, caballero, me falta su carné de conducir.

- Lo tiene mi esposa en su cartera. Está en casa, así que no se lo puedo enseñar. Me lo olvidé al salir y lo cogió ella.

- Ah, vale. Mientras lo verifico por Emisora, le tomaré los datos.

Pero al introducir la placa de matrícula en el programa Eurocop, que es la principal base de datos con la que gestionamos todo lo relativo a Policía Local, me salta un aviso que la propietaria del coche figura como víctima de violencia de género. Esto me hace sospechar y, efectivamente, al introducir los datos de ese señor salta el aviso de delincuente por maltrato.

- Discúlpeme usted, ¿pero dice que su esposa tiene su carné de conducir?

- Bueno, ya no es mi esposa, es mi "ex". Ya no vivimos juntos.

- Pero aclárese, hombre. ¿Y el coche?

- Me lo quedé yo tras la separación.

- ¿Y su carné? ¿Lo tiene ella?

- …no, no señor. Le engañé. Realmente mi carné, como está caducado, lo envié a mi país para que me lo renovaran.

- ¿Y tiene usted algún resguardo de ese envío? ¿No ha realizado esta gestión a través de su embajada?

- No, qué va. Lo metí en un sobre cualquiera y lo mandé para allá. Como quien manda un paquete de fotos —me decía con una forzada sonrisa de oreja a oreja.

- Mire usted. No sé qué se trae entre manos, pero como no me puede demostrar nada, y a mí no me figura en el ordenador que usted tenga carné, si le parece nos acompaña al Cuartel y allí intentamos aclararlo. ¿Ok?

- Sí, sí, claro…

Pero cuando ya estaba solicitada la Unidad de traslado, reconoció que su carné se lo sacó un amigo en su país de origen años atrás haciéndose pasar por él, pues por entonces él era menor de edad. Pero claro, al haber un error en las fechas de nacimiento (no coincidía su fecha de nacimiento del pasaporte con la del carné de conducir), el carné le fue retirado en su propia nación, así que oficialmente ese señor no tenía, ni había tenido nunca, permiso de conducir.

Son muchas las veces que para poder obtener respuestas, los viajes de ida y vuelta que tenemos que realizar resultan realmente sorprendentes. Aún así, la labor investigadora es ciertamente apasionante. A menudo me siento como *Hércules Poirot* en una novela de Agatha Christie. Necesitas controlar todos los medios que tienes a tu alcance, y ser muy persistente, para poder descubrir la verdad.

Fotografía por gentileza de Vasil Vasilev

Fotografía por gentileza de Vasil Vasilev

Fotografía por gentileza de Vasil Vasilev

Fotografía por gentileza de Vasil Vasilev

Fotografía por gentileza de Vasil Vasilev

Fotografía por gentileza de Vasil Vasilev

Fotografía por gentileza de Vasil Vasilev

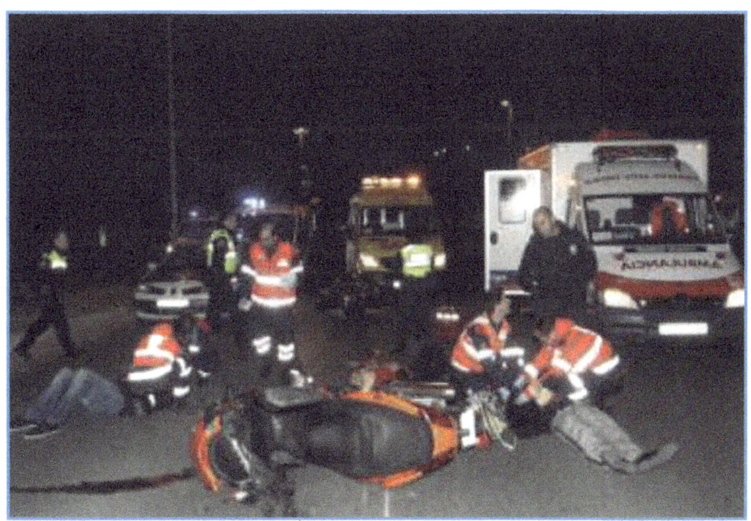

Fotografía por gentileza de Vasil Vasilev

Fotografía por gentileza de Vasil Vasilev

Fotografía por gentileza de Vasil Vasilev

Fotografía por gentileza de Vasil Vasilev

Fotografía por gentileza de Vasil Vasilev

Fotografía por gentileza de Vasil Vasilev

Fotografía por gentileza de Vasil Vasilev

Fotografía por gentileza de Vasil Vasilev

Fotografía por gentileza de Vasil Vasilev

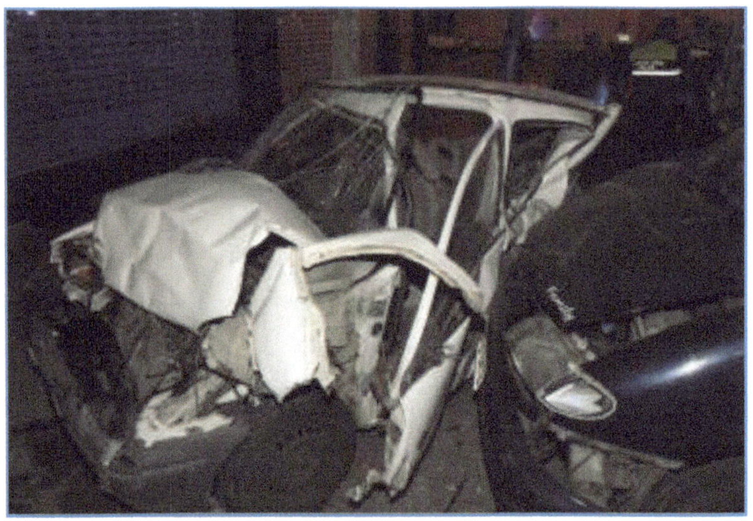

Fotografía por gentileza de Vasil Vasilev

Fotografía por gentileza de Vasil Vasilev

Fotografía por gentileza de Vasil Vasilev

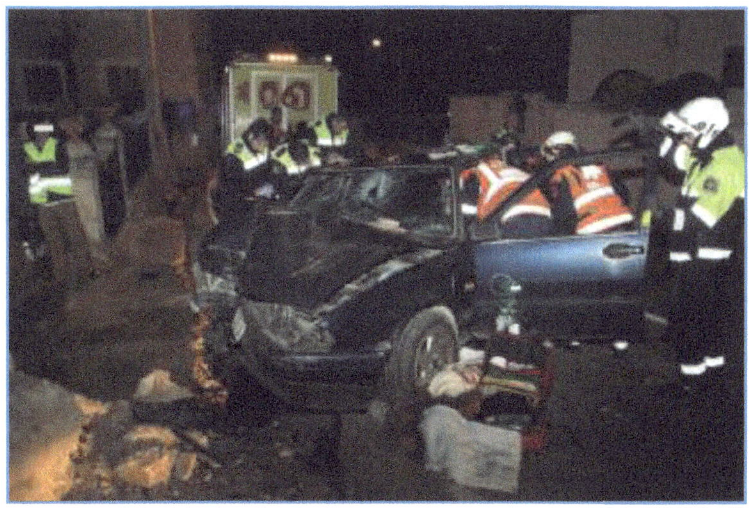

Fotografía por gentileza de Vasil Vasilev

Fotografía por gentileza de Vasil Vasilev

Fotografía por gentileza de Vasil Vasilev

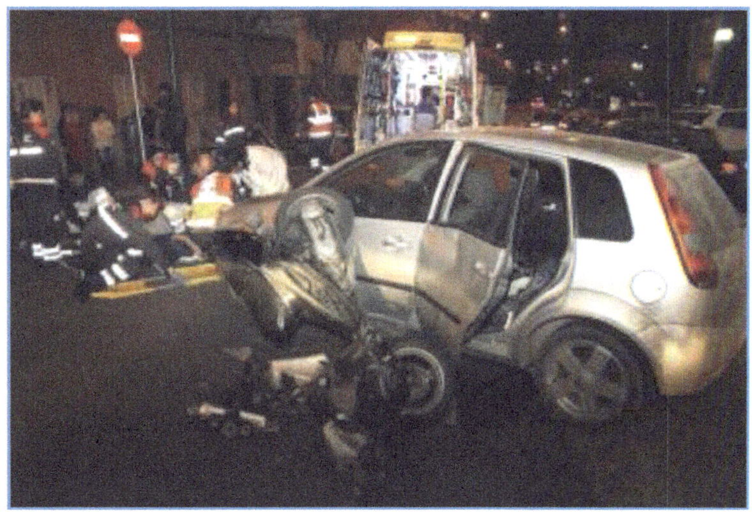

Fotografía por gentileza de Vasil Vasilev

Fotografía por gentileza de Vasil Vasilev

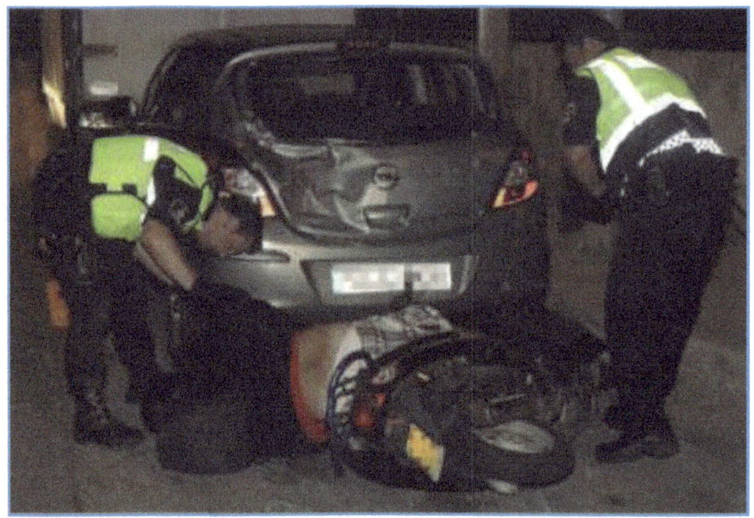

Fotografía por gentileza de Vasil Vasilev

Fotografía por gentileza de Sebastià Amengual

Fotografía por gentileza de Sebastià Amengual

Fotografía por gentileza de Sebastià Amengual

Fotografía por gentileza de Sebastià Amengual

Fotografía por gentileza de Sebastià Amengual

Fotografía por gentileza de Sebastià Amengual

Fotografía por gentileza de Sebastià Amengual

Fotografía por gentileza de Sebastià Amengual

Fotografía por gentileza de Sebastià Amengual

Fotografía por gentileza de Sebastià Amengual

Fotografía por gentileza de Sebastià Amengual

21. Cómo mediar en un conflicto y no morir en el intento.

Respecto a los accidentes de circulación hay que tener presente que no son producto de una sola circunstancia, sino la combinación de varias. Sin embargo, siempre hay una causa principal sin la cual el accidente no hubiera ocurrido. Podemos entender como causa aquella conducta o condición indispensable, y pueden ser *mediatas* (no dan lugar al accidente pero conducen a él) o *inmediatas* (intervienen de forma directa en la producción del siniestro).

En todo proceso de investigación es preciso distinguir dos aspectos claramente diferenciados:

a) Informar: Consiste en la obtención y registro de datos de forma objetiva, que permitan conocer las circunstancias del accidente:

- Dónde tuvo lugar.

- Cuándo.

- Lesiones de las víctimas.

- Vehículos implicados.

- Personas afectadas.

- Circunstancias de la vía.

- Daños de los vehículos.

- Climatología.

b) Investigar: es la obtención y registro de información para formar una opinión o explicación de:

- Cómo sucedió.

- Por qué sucedió.

- Quién tuvo la culpa.

La investigación es más amplia que la información, ya que no consiste sólo en recopilar datos sino en formar opiniones. Fruto de la investigación, se podrán conocer las causas del accidente.

Por descontado, también es de vital importancia dar sensación de serenidad y profesionalidad ante una situación donde los implicados están nerviosos de por sí. En todo momento se debe mostrar tranquilidad, nunca alzar la voz, ni mucho menos gritar. Y te aseguro que más de una vez he mirado al cielo y he pedido: "Señor, dame fuerzas".

Precisamente pedí eso una noche en que me pasaron por Emisora un accidente sin heridos cerca del edificio de la Cruz Roja. Una señora, que iba acompañada de su hija mayor de edad, dando marcha atrás con su coche tiró al suelo la motocicleta estacionada de un señor que estaba en un bar justo al lado y pudo ver directamente lo sucedido.

Al parecer, de lo más sencillo. Pero cuando llegamos pudimos comprobar de inmediato que no iba a ser tan fácil.

Enzarzados en una discusión muy acalorada, *una* —todavía dentro del coche- no le quería dar los datos del seguro al *otro*, y el *otro* —de pie al lado de la ventanilla de la conductora- blasfemaba a los cielos contra la *una*.

- ¡Agente! —me grita el hombre nada más llegar-. ¿Quiere hacer entrar en razón a esta loca?

- ¿Loca yo, so burot[1]? ¿Pero quién te has creído que eres, *mentecato?* —gritaba ella.

- ¡A ver, señores, un poco de orden! ¡Dejen de discutir, que no conduce a nada! —"vaya", pensé, "tiene gracia… no *conduce* a nada".

Yo intentaba poner calma, pero cuando no se quiere, no se quiere.

- Es que esta mujer me ha tirado la moto al suelo y no me quiere dar el seguro —me decía el señor.

- Señora ¿por qué no le quiere dar su seguro? —procedí a pedirle a la otra implicada.

- ¡Porque es un maleducado! —sentenció mientras se ponía de brazos cruzados, levantando la barbilla y cerrando los ojos, en una actitud muy cómica.

- Y además de ser maleducado es muy grosero —añadió la hija, asomando la cabecita por detrás de su madre desde el asiento del acompañante.

Vaya, parece que la información viene duplicada.

- A veeeer… ¿qué ha pasado? —pedí a las partes, ya un poco cansado de tanta pelea.

---

[1] Insulto típico de estas tierras, que viene a significar "animal o bestia".

- Pues que esta insensata me ha tirado la moto al suelo, y cuando he venido a decirle que parara, ha dado aún más para atrás y ha pasado por encima de la moto ya en el suelo.

- ¡Es que me has puesto nerviosa, gritando como un loco! ¡Por eso en vez de frenar me he equivocado y he acelerado!

- ¿Y qué tenía que decir? ¡Me estabas destrozando la moto!

- ¡Y me ha llamado bruja, señor agente! Y hasta que no lo retire, no le doy mi seguro —me decía al tiempo que volvía nuevamente a cruzar los brazos, levantar la barbilla y cerrar los ojos.

Miré al señor, y tras unos segundos me dice:

- Mmmmm…. ¡Sí! ¡La llamé bruja y me quedé corto! ¡¡Bruja y so bruja!!

Y vuelta a empezar la discusión. Yo intentaba poner calma, y mi compañero se partía de la risa dentro del furgón policial. La señora hacía ademanes de desmayarse, su hija vociferaba desde el interior del vehículo preocupada por su madre, y el otro implicado "casi estaba preparando la hoguera para prender a la señora", como si de la Santa Inquisición se tratara.

Para colmo, en todo conflicto siempre aparece un personaje esporádico, uno de esos que suelen frecuentar los bares, y "medio tocados" se meten donde nadie les ha llamado. Mi compañero los bautizó como "satélites", muy apropiadamente, por cierto.

No iba a ser menos este accidente. De la nada aparece el personajillo, borracho como una cuba, y empieza a calentar la cabeza a la hija de la señora, que le faltaba menos que un *misto* (o cerilla) para prender, y ya la teníamos liada a tres bandas.

- Es que a tu madre le tendrían que quitar el carné —comenzó a decirle a la hija.

- ¿¿Pero tú quién te crees que eres, borracho de pacotilla?? —saltó como una fiera.

- ¡Yo lo he visto todo! —gritaba el satélite.

- ¡Pero si no puedes verte ni a ti mismo, de lo borracho que vas! —seguía diciendo la otra.

Al final resultó ser una incidencia de lo más dantesca. A ver si puedes visualizar la escena: yo de pie, mirando al cielo y pidiendo paciencia al Todopoderoso, rodeado de cuatro individuos exaltados que se ponían tibios a insultos.

Conté hasta veinte en voz baja, los miré y saqué el bloc de multas. Al verme, enseguida llegaron a un acuerdo, se dieron los datos y escamparon.

Sí, ya me lo dijeron en la academia de policía: "nuestra arma más eficaz, mucho más que la pistola o la *porra*, es el bolígrafo". Cuánta razón tenían.

22. ¿Coche? ¿Qué coche?

La siguiente anécdota le ocurrió a un compañero que no está adscrito a la Unidad de Accidentes. En un principio me tocaba a mí instruir ese accidente, pero no pude ir al estar todavía liado en otro siniestro con heridos. A pesar de ser esa noche tres coches de la Unidad de Accidentes, salieron tres de golpe y dimos en un santiamén una vuelta de turno completa. Como este nuevo accidente no presentaba heridos, mandaron al compañero de otra unidad.

Por cierto, resulta difícil encontrar a alguien que quiera entrar en "los coches de accidentes de noche"… gozamos de muy mala fama. Y no precisamente por nuestra labor, la cual todos reconocen y aprecian, sino por la Unidad en sí, ya que tendemos a acabar tarde con los típicos accidentes de última hora, y a las seis de la mañana ya solo estás deseando llegar a casa y meterte en la cama; o cuando hay heridos graves, y nos toca escribir páginas y más páginas de atestados; o ese seguimiento de accidentes inconclusos con vehículos fugados a los que tenemos que dar caza; o la misma investigación de accidentes en sí, recurriendo a todos los medios que tengamos a nuestro alcance. No, nuestra jornada laboral no acaba al finalizar el servicio. Siempre hay trabajo pendiente y gestiones por hacer. Lo que para algunos es un reto, para otros es, y con razón, un *marrón*.

Volviendo a la anécdota. Resulta que un coche se estampó contra una farola, pero cuando el policía llegó el conductor ya no estaba. Varios testigos le dijeron que se acababa de meter en un bar de copas justo ahí al lado. Mi colega comenzó a realizar gestiones, cuando de repente aparece un tipo bastante bebido y se le acerca. Los testigos, con un ligero movimiento de cabeza le indican al agente que ese era el conductor del coche.

- ¿Es usted el dueño del coche? —le preguntó el policía.

- Eh… no - respondió.

- Ah, bien —y como mi compañero sabía que era él, dice-, entonces me lo llevaré con la grúa.

- Muy bien —respondió impasible.

Como el tipo "no soltaba prenda", el agente pidió grúa a Emisora.

- Base, ¿me enviará una grúa al accidente? —mientras miraba al hombre a los ojos.

Éste, levantando la vista indiferente, se puso a silbar, como si no fuera con él el asunto. Entonces mi compañero insistió:

- ¿Seguro que no es suyo el coche?

- Seguro, seguro… -mientras se zarandeaba perdiendo el equilibrio.

- Entonces quiero que, por favor, ponga todo lo que lleva en los bolsillos encima del capó.

Entre los enseres, había una llave de coche con mando a distancia, y cuando mi compañero lo accionó, se abrieron las puertas del coche que estaba a punto de llevarse con la grúa.

- Vaya, pues si no es suyo el coche, ¿qué hace con las llaves? Yo diría que acaba de cometer un delito, caballero — sacándose las esposas-. Ahora tendrá que acompañarme detenido al cuartel.

- ¡Está bien! ¡Está bien! ¡Es mi coche!

Efectivamente, toda la documentación estaba a su nombre.

El no querer reconocer la propiedad de vehículos parece ser que es una de las primeras acciones que se toman en caso de posibles problemas. Otro que me ocurrió en esta ocasión a mí fue, desde luego, peculiar.

Hubo un accidente con heridos por la zona de Son Malferit. No me tocaba a mí, sino a J4, pero yo estaba cerca y llegué en primera instancia. La escena era sorprendente: una calle enorme, amplia y completamente a oscuras; un gitano tirado por el suelo llorando de dolor, al lado de su moto; y un tipo callado, sentado en el bordillo del arcén, con una bici eléctrica partida por la mitad a sus pies.

El gitano me dijo, entre muchos llantos, que iba circulando y que de repente chocó contra no sabía qué.

Por la inspección ocular, y viendo la bici eléctrica partida por la mitad, deduje que el caballero silencioso atravesó la carretera sin mirar, y sin luces, y la moto se lo llevó por delante.

Cuando le pregunto por su estado salud al señor sentado, me dice que está bien, que no tiene nada, y que esa bici… esa bici… ¿qué bici? ¿Que de qué bici le hablaba?

- Bueno, caballero, la bici que está a sus pies está implicada en el accidente, y a parte de usted y del señor de la moto, no hay nadie más en tres kilómetros a la redonda.

- Ah… pues puede ser… ¡pero yo estoy bien!

Lo miré de arriba abajo, y bueno, bien bien no estaba, pues presentaba fractura de húmero y de cráneo. Tenía unas lesiones muy feas, pero bueno, al final se puso bien.

- ¿Y esa bici eléctrica, dice que no es suya?

- Nooo. En mi vida la había visto.

- Ya. Claro –sin comentarios.

Y otro caso de características similares me ocurrió una noche cualquiera, de un día cualquiera en Palma. Base me comunicó un accidente con heridos en el Molinar. Nada más llegar, un taxista me dice que se encontraba parado en un semáforo en rojo y un coche, que venía en sentido contrario, fue desviando poco a poco su trayectoria hasta que se metió en su carril y le chocó frontalmente.

Nada más dar el fortísimo golpe, un joven se bajó del asiento del conductor, borracho perdido, y salió corriendo a toda pastilla dejando su coche allí, empotrado contra el del taxista, el cual se aquejaba de fuertes dolores cervicales.

Al poco tiempo de estar en el lugar del siniestro, aparece un tipo (al cual el taxista identifica como el conductor que se fue corriendo), borracho, y finge escandalizado:

- ¿Qué ha pasado? ¡Pero si es mi coche!

- Buena noches –dije sabiendo el *show* que me esperaba-. ¿Podría decirme quién conducía su coche?

- Ehhh… mmm… mi padre –contestó entre titubeos.

- ¿Haría el favor de llamarle para que venga inmediatamente?

- No puedo.

- ¿Por qué?

- Porque ayer se fue a Ibiza.

Silencio incómodo.

- Bueno –añadió el joven-. Realmente era un amigo mío.

- ¿Quién?

Nuevo silencio incómodo.

- ¡Está bien! ¡Era yo! ¡Pero soy abogado, así que ni se le ocurra tocarme!

Finalmente quedó detenido, y mientras iba de camino al Cuartel de Sant Ferran solo exigía que se le pusiera en libertad inmediatamente porque tenía que coger un avión a Ibiza esa misma mañana.

23. ¡Si mi furgoneta estaba ahí hace un segundo!

Unas cuantas noches más tarde tuvo lugar un accidente brutal que podría haber tenido unas consecuencias terribles.

Ocurrió en Son Gotleu, justo a la bajada del puente que pasa por encima de la Vía de Cintura.

A eso de las 4 de la mañana un operario de EMAYA dejó su furgoneta en doble fila, mientras se bajaba a comprobar el estado de unos contenedores de basura. Nada más apearse, y justo subiendo a la acera, oyó un golpe escandaloso. El estallido fue exageradamente violento. Asomó temeroso la cabeza entre los contenedores y solo pudo ver una enorme nube de polvo. En cuanto ésta se fue disipando, algo increíble había ocurrido: su furgoneta había desaparecido, estando en su lugar ¡otro coche!

Al llegar vemos un panorama espeluznante. Cinco coches implicados: el que apareció en el sitio de la furgoneta, tres aparcados con daños considerables y el de EMAYA perdido a lo lejos del todo a más de treinta metros de distancia.

El conductor del coche causante del accidente estaba de pie, con unos ojitos que daban miedo.

- ¡Estoy bien, estoy bien! ¡Lo que pasa es que hoy apenas he dormido, y estoy algo cansado!– decía mientras iba y venía, haciendo una ruta lineal de ida y vuelta. No podía estarse quieto hasta que, al cabo de diez minutos, se sienta en el coche y se echa a dormir. Así, hala, de golpe y porrazo.

Por lo que pude ver, este señor venía conduciendo a una velocidad un tanto inadecuada, por decirlo de alguna manera. Cuando bajaba el puente se debió quedar dormido, se le fue el coche a la izquierda y, atravesando completamente la calle, dio de pleno en el morro de la furgoneta de EMAYA. La furgoneta, que tenía puesta una marcha y el freno de mano, salió despedida hacia atrás ¡treinta y seis metros!, hasta que chocó fuertemente contra un árbol, quedando toda la parte trasera de la furgoneta incrustada en el tronco, llegando éste hasta casi el asiento del conductor. Así, bien abrazadita. ¡Menudo viaje!

Y encima los otros tres pobres coches aparcados recibieron un fuerte impacto.

Al final al conductor causante del accidente se le realizó la prueba de drogas, dando positivo en casi todas las posibles. Cosas de la vida.

El funcionario de EMAYA no daba crédito a lo que veía. Si llega a estar en la furgoneta, o lo pilla justo bajando del vehículo, ahora mismo estaría muerto.

24. Coge la cartera y corre

Cuando tenemos que ir a un accidente, y aún más de noche, hay muchas cosas a tener en cuenta, pero por encima de todo está nuestra propia seguridad. Es sabido que de un accidente sale otro, porque la gente que conduce tiene ganas de chismorrear, ver qué ha pasado. Eso provoca que se despisten y que haya más siniestros. Es fundamental señalizar correctamente y ponernos prendas reflectantes… ¡y aún así tengo mis dudas!

Dentro de las acciones a desarrollar por la Policía en todo accidente, según el manual, están las siguientes:

1.- Control del tráfico: al producirse el siniestro en la vía pública, incide en la circulación de otros usuarios y puede causar un colapso de graves consecuencias, incluso lejos del accidente. Por tanto, deben controlar la circulación en la zona del accidente, que puede estar totalmente suspendida o ralentizada por un estrechamiento; por otra parte, han de controlar la circulación a distancia, desviando el tráfico, impidiendo el acceso de vehículos pesados, etc. Hay que tener presente la posibilidad de facilitar el acceso a vehículos de emergencia.

2.- Señalización del accidente: es un aspecto fundamental para evitar accidentes encadenados, señalizar de forma clara el accidente a una distancia importante, dependiendo del tipo de vía. Esta señalización se convierte en algo prioritario en accidentes nocturnos, en zonas de curva o rasante, con niebla o en vías de circulación rápida.

3.- Orden público y control de accesos: normalmente se produce una afluencia de personas que se encuentran en el accidente y tratan de ayudar o simplemente curiosear antes de la llegada de los servicios de emergencia. Cuando llegan los servicios, estos ciudadanos están alterados o se creen con el derecho de permanecer en el lugar. Es fundamental para trabajar eficazmente alejar de la zona del accidente a las personas que van a entorpecer el trabajo de los profesionales, este control del público ha de mantenerse durante toda la duración del siniestro ya que en cuanto se relaja comienzan a infiltrarse curiosos.

El control de accesos ha de establecerse físicamente mediante acordonamiento (cinta policial) o colocación de conos, que solo ha de ser rebasado por personal propio de la emergencia como sanitarios, bomberos, grúas, medios de comunicación u otros profesionales que pueden tener algún interés en el caso y que pueden requerir una consideración especial.

4.- Investigación del accidente: es una función propia de la fase final del siniestro: los bomberos lo tendrán en cuenta para evitar la destrucción involuntaria de pruebas, como la limpieza de frenadas, pinchazo de neumáticos, desplazamiento de los vehículos, etc.

5.- Identificación de víctimas: es una función del servicio policial, así como la comunicación a los familiares, aviso al juez, vehículo de atestados y cualquier acción que derive en una investigación de muertes o daños graves.

6.- Retirada de vehículos: se procurará la retirada de los vehículos siniestrados.

7.- Restablecimiento de la circulación.

Uno de estos accidentes aparatosos que suelen salir en portada de los medios de comunicación, fue el de un coche volcado en medio de la calle Manacor. Precisamente ahí tuvimos que poner en práctica casi todos los siete puntos antes descritos.

Había aceite en toda la calle, por lo que fue necesario desviar el tráfico por otro lado. Recurrimos frecuentemente a los bomberos que, como siempre, hicieron un trabajo impecable. Entre los daños apreciables a primera vista había un par de semáforos por el suelo, señales verticales y algún que otro árbol arrancado.

El vehículo causante quedó literalmente partido por la mitad… pero el conductor no estaba. Se había escapado o desintegrado, a saber.

Pedí por Emisora los datos del propietario y, después de realizar gestiones, vimos que no estaban actualizados ya que salían los de un señor que, al vender el coche, no hizo el cambio de documentación en Tráfico. Esto ocurre a menudo, y no veas lo que tenemos que investigar para dar con el propietario actual. Y no entiendo porqué no lo hacen. ¡Cualquier denuncia, impuesto o tasa siempre va a cargo del titular oficial del vehículo!

Pero en esta ocasión hubo suerte. Al más puro estilo de "Torrente, el brazo tonto de la Ley", el conductor tuvo tanta prisa por escapar que se dejó el DNI, la cartera y todas las tarjetas y carnés personales en el interior del vehículo.

No vivía muy lejos del lugar del siniestro, así que fuimos caminando tranquilamente hasta su casa y tocamos a la puerta.

Después de insistir varias veces, nos abrió una señora medio dormida, ya que era muy tarde.

- Disculpe que la molestemos a estas horas, señora. ¿Sería posible hablar con su marido? –le pregunté.

- Aún no ha llegado, no está en el dormitorio –nos contestó mientras se frotaba los ojos.

Pero la casa olía fuertemente a alcohol. Asomé la cabeza al interior de la vivienda y encontré a un hombre tumbado en el sofá del salón.

- ¿No será ese su marido, verdad? –dije mientras lo señalaba.

La señora lo miró sorprendida, abriendo mucho los ojos, y echó a correr hacia él.

- ¡Mariconsón! ¿Qué has hecho esta vez? ¡Levántate golfo! –le gritaba mientras le pegaba bofetadas.

El hombre pegó un brinco enorme, se vino corriendo hasta donde estábamos y se cobijó detrás de nosotros, mientras intentábamos contener a la señora que solo tenía por objetivo pegar una solemne paliza a su esposo.

Cuando a duras penas conseguimos bajar las escaleras con el hombre, huyendo de la enfurecida esposa, en el rellano del edificio nos dijo:

- Ya sé a lo que vienen... He sido yo, es que he bebido algo más de la cuenta...

- Ya lo sabíamos, chico. Te dejaste toda la documentación en el coche.

No. hizo falta recordárselo. Vino detenido por conducir borracho. Y lo anecdótico fue que yo no me acordaba de él, pero al introducir sus datos en el ordenador, ¡medio año atrás también lo había detenido por las mismas circunstancias en otro accidente! Hay quienes no escarmientan...

25. La *mordida* mexicana

La autoinculpación tiene sus propias anécdotas. Una noche, casi finalizando el servicio, a las 05:30 a.m. nos comunican un accidente cerca del Cuartel de la Guardia Civil. ¡Qué pereza dan estos accidentes de última hora! En fin, gajes del oficio.

Llegamos rezando para que fuera poca cosa, y vemos un semáforo de dos báculos tirado por el suelo y un coche incrustado en la base del mismo que además, del fuerte bordillazo, ha destrozado las dos llantas delanteras y parte de la acera.

El joven que estaba al lado del coche miraba su vehículo llevándose las manos a la cabeza: "Madre mía, madre mía", exclamaba.

Al vernos llegar, intentó quitar hierro al asunto, pero lo cierto es que no sé en qué pensaba, pues no hizo más que liar la situación:

- Buenas noches, agentes —nos dice forzando una sonrisa de oreja a oreja.

- Buenas noches, caballero. ¿Qué le ha ocurrido? ¿Se encuentra usted bien?

- Sí, sí, un golpecito no más.

- Ya. Si no quiere ambulancia, ¿le sabría mal darme la documentación?

A veces, hacer la prueba de alcoholemia (etilometría es su nombre técnico) es una tontería: canta a la legua y huele de más lejos todavía.

- Es que verá, señor agente —comenzó a hablar el implicado-, resulta que no tengo carné de conducir... y tampoco llevo el seguro... y es que además voy algo borracho, ¿sabe usted?

- Vaya. Parece que trae usted el pack completo, ¿no?

- Y el carro no es mío, me lo han prestado... y no sé si la ITV está al día...

- Sí, confirmado —le dije a mi compañero-. "Un completo".

- Oído cocina —me contestó él, al tiempo que comenzaba a hacer gestiones por emisora para que nos enviaran una grúa para retirar el vehículo, un coche de traslado para el detenido, a los bomberos para arreglar el desaguisado de aceite y líquidos vertidos por la calzada y al electricista para recoger lo que quedaba del maltrecho semáforo.

- Sí... ya... bueno —prosiguió el accidentado-, pero yo estoy seguro de que esto se puede arreglar de alguna manera, ya me entiende, ¿no? —guiño de ojo.

- No, no le entiendo —le contesté sin pestañear.

- Bueno... yo pensaba... —y decidí interrumpirle.

- Caballero, mejor cállese y no siga complicándose aún más la vida. Déjelo. Está usted detenido, así que tiene derecho a guardar silencio... y créame... lo mejor es que GUARDE silencio.

No era la primera vez que intentaban sobornarme. En una ocasión fuimos enviados a un "señor accidente" con fuga. El otro vehículo implicado, el que recibió el golpe, estaba aparcado al comienzo de una calle. El coche causante (y fugado), al coger la curva… digamos que se le fue el control y le hundió por completo el lateral izquierdo, yéndose a toda velocidad del lugar. Un Fernando Alonso pero a lo bestia. Dejó inutilizado al coche aparcado, le reventó la rueda delantera izquierda y hasta le partió el eje trasero.

Cuando el propietario del vehículo que recibió el golpe bajó y lo vio en ese estado, por poco le pega un síncope. Imagínate que dejas tu coche correctamente aparcado, y cuando vas a buscarlo a la mañana siguiente para irte a trabajar, con el tiempo justo, te lo encuentras hecho un amasijo de chatarra. Pues eso ocurre muchísimas noches a algún ciudadano de esta ciudad.

Tuvimos la suerte de tener un testigo excepcional que estaba descargando cosas de su coche, justo al lado del accidente –él mismo se sorprendía de no haber recibido colateralmente en el fuerte impacto-, que no solamente nos facilitó la placa de matrícula, marca y modelo, sino que además nos dijo dónde estaba aparcado, ya que después él mismo fue a buscarlo.

Pido a Base los datos del nombre y dirección del titular y me dicen que vive justo ahí al lado de donde estaba aparcado. "¡Ajá! –pienso para mí- ¡Te tenemos, esto te pasa por aparcar justo debajo de tu casa!".

Vamos a esas altas horas de la noche a tocar a la puerta, y nos abre un chico adormilado.

- ¿Es usted el señor *Julián*? (improviso el nombre para el relato, que conste) –le preguntamos.

- Sí, soy yo, ¿en qué les puedo ayudar?

- Venga, déjese de frotar los ojos y cuéntenos qué ha pasado.

- ¿Perdón? No sé de qué me hablan.

Mi compañero empieza a mosquearse.

- A ver, usted acaba de tener un accidente, ha aparcado el coche debajo de su casa y ahora se está haciendo el dormido. ¿Va a colaborar o no? –le dice.

- ¡A mí no me esté faltando al respeto, señor agente, que yo le he hecho nada!

Vaya, qué buena actuación, pensaba yo. ¡Si aún me lo creeré y todo!

- Bueno, señor Julián, ya está bien de jueguecitos –le dije yo-. Bajemos a ver su coche.

- Pero si yo no lo tengo, se lo dejé a un amigo –típica respuesta... ¡qué poco original!

- Pues explíqueme como es que está aparcado *justo* debajo de su casa –le solicité.

El hombre entró apresurado al salón, cogió el teléfono y llamó a una persona.

- ¡Eh! ¡Cabrón! ¿Qué le has hecho a mi coche, *malaje*?

Pues al final, ¡resulta que él no era el conductor! Jo, vaya sorpresa me llevé. Qué metedura de pata. Pero es que hombre, estando el coche a su nombre y aparcado debajo de su casa… "si el río suena es que agua lleva", dicen.

Una vez todos en la calle, ante lo que quedaba del coche y con Julián más colorado que un tomate de la rabia que corría por sus venas, al cabo de un rato aparece el famoso amigo. Para cerciorarme de que era él realmente el conductor, le digo que me cuente qué ha pasado, y me confirma con su declaración que es el responsable.

- ¡Pero si apenas lo rocé! —se atrevió a decir el muy canalla.

- ¡Mira, mira cómo está el coche de tu amigo! —le increpo, y cuando lo ve se lleva las manos a la cabeza.

- Bueno… no parecía tanto…

- Pues vaya alegría le has dado al señor que le acabas de destrozar su coche. Y para colmo el tuyo no tiene seguro, así que tendremos que retirarlo con la grúa al depósito municipal.

- ¡Eh, eh! —saltó el conductor fugado-. ¿No podemos arreglarlo de alguna manera?

- Sorpréndeme —ya que la noche iba de sorpresas, a ver qué me contaba *el cachorrito.*

- Mi coche particular sí tiene seguro. Podríamos decir que fue con mi coche. Así no tienen que llevarse el de mi amigo. ¿Eh? ¿Eh? ¿Qué me dice?

- ¿El de tu "amigo", dices? Él te lo deja y tú, no solo tienes un accidente por conducir como un salvaje, sino que te das a la fuga y se lo dejas aparcado debajo de su casa para que se coma el *marrón…* ¿"amigo" dices?

Se tuvo que callar, mientras el otro le miraba rojo de ira a punto de explotar.

- Además, ¿me está usted pidiendo que la Policía cometa ilegalidades? Caballero, no sé dónde se piensa que está usted. Aquí las cosas no funcionan de esta manera.

No sé cómo debió quedar la amistad entre ellos, pero yo no le hubiera vuelto a hablar en mi vida.

26. El quinto elemento

Como puedes ver, gracias a la ayuda de la ciudadanía podemos resolver muchos accidentes. Su colaboración es fundamental para el esclarecimiento de los hechos. Siempre hay personas valientes que toman "cartas" en el asunto. Además, por pura lógica, nosotros mantenemos en secreto sus datos, a fin de que los culpables no tomen represalias.

Son otras las veces las que no quieren colaborar... especialmente cuando el culpable es un amigo o conocido suyo.

Esto ocurrió una noche en la que íbamos patrullando por la zona de Cala Major. De repente, un taxi que circulaba en sentido contrario a gran velocidad, pega un frenazo al llegar a nuestra altura y nos manda parar haciendo el conductor señales con las manos. La persona que iba sentada junto al taxista nos dijo muy alarmado:

- ¡Estamos persiguiendo a un tío que me acaba de dar un golpe y se ha ido a toda leche!

Según se desprendía de lo que nos contaron en unos segundos, acababa de ocurrir un accidente justo ahí al lado, donde el que recibió el golpe -y que además lo vio en directo- paró al primer taxi que pasó y se lanzó a la carrera tras el fugado al grito de "¡Siga a ese coche!".

Dimos la vuelta en redondo para seguir al taxista en la persecución, al tiempo que radiábamos por frecuencia la incidencia. Los USEI, que se encontraban en el Paseo Marítimo a la altura de la Estación Marítima, montaron un control al momento.

Pero en el tiempo que tardamos en dar la vuelta perdimos de vista al taxi, el cual siguió la persecución inmediatamente y a gran velocidad. Pensamos que la ruta más lógica era ir hacia el Paseo Marítimo. Cuando llegamos a la altura del control, los compañeros nos dijeron que no había pasado ningún vehículo que coincidiera con la descripción facilitada, así que proseguimos la marcha en dirección Catedral.

Pero a los pocos centenares de metros vi el taxi parado a un lado, y justo enfrente suyo había un coche que correspondía en color y marca al del perseguido... ¡el taxista lo había cazado!

Es increíble lo que suponen un par de minutos en una persecución y lo lejos que puedes llegar en tan poco tiempo, porque entre que recibimos la información y la radiamos, no debía de haber pasado más de dos minutos... ¡y el fugado ya se encontraba mucho más lejos de donde se montó el control!

El taxista se negó a cobrarle la carrera (y nunca mejor dicho) al señor que le requirió para la persecución. Luego vino nuestro problema: Identificar al conductor.

El damnificado señalaba a uno de ellos, y decía que prácticamente estaba seguro que lo podía reconocer. Pero claro, un "prácticamente seguro" hay que terminar de demostrarlo, y eso es a lo que nosotros nos dedicamos.

En el vehículo iban cuatro jóvenes de entre 19 y 23 años, que ahora se encontraban juntos de pie sobre el paseo central de la avenida, pero ninguno quería reconocer al que conducía el coche. Cuando me estaba acercando a ellos vi claramente que se encontraban cuchicheando entre sí, y a pesar de verme andar hacia su posición, estaban en una actitud tan evidentemente sospechosa que los delataba de manera grotesca: es como cuando en un examen los alumnos se chivan información de uno a otro en voz baja, con la boca torcida para disimular, mirando al profesor con ojos de aquí no pasa nada.

Había uno que tenía todas las papeletas: el hijo de la propietaria del coche. Aunque no siempre se cumpla esa premisa, claro. Además, el joven iba bebido.

Como que nadie quería manifestar, los cogí uno a uno, empezando por el presunto conductor:

- Buenas noches, joven. ¿Sería usted tan amable de decirme quién conducía "su coche"? —recalqué esas palabras.

- Un amigo, que se ha ido corriendo.

- ¿Me puede decir quién era ese "amigo"?

Y me dijo un nombre, con apellidos incluidos, y un número de teléfono.

- Muy bien, así que a pesar de estar el coche a nombre de su madre, no era usted el que conducía, ¿verdad? Porque como además ha bebido, no creo que se haya atrevido a coger el coche, ¿no?

- Exacto, agente, ha sido quien yo le he dicho.

- ¿Y me puede decir otra vez dónde está, y cómo se llama *el quinto elemento* que iba en el coche? —le pregunté haciendo especial énfasis en lo del "quinto elemento".

Me volvió a contar exactamente lo mismo. Muchas veces hacemos repetir la información, siempre puede haber algún dato contradictorio que ya no coincida.

Luego cogí a otro de los ocupantes y le pregunté lo mismo. Me dijo un nombre distinto, de otra persona, que difería al que me había dicho el otro chico.

Hice lo propio con un tercero, pero éste ya se negó a darme un nombre. Enseguida ves en los ojos de la gente si te mienten o no. Cuando tienen la mirada dispersa, perdida, titubean y se van con evasivas… no hace falta ser muy listo para ver que las cosas no encajan.

- Muy bien —les dije al resto de ocupantes-. Ustedes no me quieren decir quién conducía, así que se van a venir todos al cuartel, hasta que lo averigüemos.

Yo ya sabía que el conductor era el hijo de la titular del vehículo, pero quería una confirmación por parte del resto de los amigos.

- Oiga —me dijeron-, somos estudiantes de Derecho, futuros abogados, y sabemos cuáles son nuestros derechos.

- ¿Ah sí? Pues no deben ser ustedes muy buenos estudiantes. ¿Saben qué les ocurre a los que colaboran en hechos delictivos, por acción u omisión?

- Compréndanos… no podemos decir nada… -mientras miraban de reojo a su amigo cambiando la cara de color.

Y ahora el toque final…

- Ustedes sabrán qué puede ocurrir con su carrera profesional…

Al momento cantaron todos, mientras me preguntaban:

- Por favor, no haga constar esto en el atestado… ¿nos va a afectar en nuestro futuro? Fue él el que conducía el coche —señalando a su amigo.

"Vaya -pensaba yo- tampoco es para tanto, no les va a pasar nada", pero supongo que a veces hay que lanzarse para obtener resultados.

27. Carros de fuego

Y hablando de persecuciones. Cuando alguna Unidad pasa por emisora que está persiguiendo a algún fugado, nosotros ya sabemos lo que tenemos que hacer: ir para allá porque seguro que habrá un accidente.

Para medir la urgencia de una acción, dentro del protocolo policial nos regimos por códigos verdes (podemos ir tranquilos), amarillos (pon luces y acelera) y rojos (¡pon todo lo que tengas en marcha y sal a toda velocidad!). Una persecución es muy delicada, porque el que huye tanto le da estamparse contra otros coches o atropellar a algún peatón, niño o adulto. Solo piensa en huir. Por eso se considera código rojo, más que por la huida en sí, por los daños y lesiones que pueda ocasionar. Una buena locución por emisora, transmitiendo la ruta que están siguiendo y la clara descripción del que huye, son vitales para que otras Unidades lo intercepten a la mayor brevedad posible.

Una de las tantas persecuciones que ha habido en Palma acabó, cómo no, en accidente. El que huía terminó empotrado contra tres coches aparcados. Al final, el chico senegalés fue detenido por conducir sin tener carné. El accidente no tuvo más misterio, salvo que a las dos noches me lo encontré caminando por Son Gotleu mientras yo pasaba con el furgón policial:

- ¡Hola jefe! –me saludó gritando desde la acera y con una gran sonrisa mientras me levantaba la mano.

Al principio no lo reconocí, pero luego vi que era él.

- ¡Hombre, John! Así me gusta, caminando. ¡El coche no se toca!

- ¡Jajaja! ¡No, qué va, "yo no coger más el coche"!

Seguí la ruta y a la altura de las Avenidas me paré a hablar con las prostitutas. Al final, todos los que estamos en la noche creamos una extraña y heterogénea relación… no siempre muy bien avenida, pero "relación" al fin y al cabo. Después de hablar un rato con nuestras amigas, mi compañero y yo decidimos ir a tomar un café (bueno, yo un té… ¡debo ser el único policía que jamás ha probado el café!) a un bar cercano, uno de esos que abren toda la noche y al que acuden todas las extrañas especies que cohabitamos en el ecosistema nocturno, cuando un borrachito que estaba jugando a las máquinas tragaperras se me acerca y me da la mano, al tiempo que me dice:

- Usted es un gran policía… ¡ojalá todos fueran como usted! –el pobre hombre hacía auténticos equilibrios para no caer al suelo de la "tajada" que llevaba.

Me quedo con el ceño fruncido mientras lo miro de arriba abajo… "¿y quién demonios será éste?", me digo. "Ah, sí, ya recuerdo, tuve un juicio con él hace un par de semanas. Lo detuve por conducir borracho…".

- Hombre, gracias –le digo mientras intento zafarme del eterno apretón de manos-. No se merecen.

- Usted me detuvo con toda la justicia, sí señor.

- Hombre –alego-, conducir bebido y tener un accidente acabando con el coche volcado… pues no es lo suyo.

- ¡He aprendido la lección! –me exclamaba alegremente mientras tenía que agarrarlo para que no se cayera hacia atrás del colocón que llevaba-. ¡No voy a emborracharme nunca más!

- Nada, hombre, siéntese y descanse –le dije mientras me reía al ver qué me acababa de decir.

Luego me quedé en la barra del bar, al lado de mi compañero, ante el té humeante, y no me quedó más remedio que sonreír. ¿Qué pensarían los excompañeros de Sóller si me vieran saludando a los emigrantes de Son Gotleu, hablando con mis amigas las prostitutas de las Avenidas, y siendo felicitado en un bar de juego a altas horas de la noche por un borracho al que detuve? ¿En qué me he convertido?

Pues, sinceramente, creo que trabajar de noche me ha convertido en mejor persona. He aprendido a conocer, a comprender y a respetar. Aquellos que parecen "muy malos", quizás no lo sean tanto. Al fin y al cabo, la noche tiene su propio código de honor. Obviamente no todos son así, ¿pero acaso de día sí? No, creo ser un ave nocturna me ha hecho mucho bien.

Una de las primeras intervenciones que tuve en Palma me dejó bastante claro cómo era este mundo paralelo de la noche. Iba con mi compañero de Unidad, un veterano simplemente extraordinario, para mí el mejor entre los mejores a la hora de sacar adelante un accidente. Su don de gentes y su visión rapaz se conjugan magistralmente para que no se le escape ni un solo detalle. Con él he aprendido muchísimo.

Y fue precisamente gracias a ese don de gentes que salimos ilesos de una situación que se podría haber complicado... ¡y mucho!

Estábamos en pleno corazón de Son Gotleu, cuando mi compañero exclama:

- ¡Eh! ¡Ese "Tigra" rojo! Hace un mes que lo estoy buscando por fuga...

Lo paramos, y vimos que una gitana iba al volante. Al pedirle los papeles nos dice que no llevaba ninguno... y tampoco tenía carné de conducir. Mi colega me dice:

- Tú métete en nuestro furgón y haz las gestiones a puerta cerrada, para que no te oigan. Y si hay que pedir ayuda, ¡la pides sin pensártelo!

Eso empezó a llenarse de gitanos por todas partes. Ver a la Policía ya de por sí no resulta tranquilizador en pleno corazón de Son Gotleu, pues se interpreta con el significado de que algo no va bien, aunque realmente no siempre sea así. Pero si encima paran a uno de los tuyos, menos todavía. Salieron niños, primos, hermanos y cuñados por todos lados, y mientras yo estaba dentro del furgón gestionando la grúa, pidiendo información y solicitando coche de traslado de detenidos, mi compañero hablaba con todos y cada uno de ellos.

No sé qué diablos les dijo, pero cuando la chica se fue detenida y esposada, ¡ella misma le estaba dando las gracias a mi amigo! Y al llevarse la grúa su coche, ¡el marido le estrechó la mano! ¡Soberbio!

Lógicamente, una vez acabó todo le pregunté de qué habían hablado, y me contestó que de todo un poco. Les dijo que había autoescuelas especializadas en personas que no sabían leer, para que se pudieran sacar el carné; también les informó que si presentaban un seguro en vigor podrían sacar el coche al día siguiente sin recargos, solo pagando el servicio de grúa (no es que fuera trato de favor, precisamente es lo establecido por protocolo); en fin, toda una serie de recomendaciones y siempre con esa capacidad de expresión tan típicamente suyas que permitió que en un barrio como Son Gotleu, rodeados por varias decenas de gitanos, retirando el coche con grúa y llevándonos detenida a la esposa de uno de ellos, no solo nos dieran la mano como muestra de agradecimiento, sino que nos aplaudieran al irnos... ¡verlo para creerlo!

28. En el coche de papá, nos iremos a pasear

Una noche, a última hora, Base me informa que ha habido un accidente con un solo vehículo implicado.

Ufff… ¡cómo me fastidiaba! Además, tenía que coger un avión a las 07:30 horas, y si acababa tarde perdía el vuelo, así que debía apresurarme.

Nada más llegar, veo un Mercedes deportivo biplaza empotrado contra un semáforo que ha partido en mil pedazos y, al lado del Mercedes, ¡dos niños de unos 15 años de edad!

- ¿Qué ha pasado? —les pregunté a los chicos, al ver que estaban bien.

No hubo respuesta. Avergonzados, miraban al suelo con las manos a la espalda.

- Os he preguntado que qué ha pasado —insistí.

- Pues que veníamos conduciendo y se nos ha ido el coche…

- ¿Conduciendo? ¿El deportivo?

- Sí. Es de mi padre —dijo uno de ellos.

- ¿Y de dónde venís conduciendo?

- De por La Vileta.

¡Madre mía! Dos jovenzuelos de 15 años habían cogido las llaves del coche del padre de uno de ellos, sin que él tuviera ni idea, y se habían ido conduciendo por toda la Vía de Cintura para salir por la autopista de Levante. Cuando fueron a coger a gran velocidad una curva, perdieron el control y arrasaron con todo lo que pillaron a su alcance.

- ¡Menos mal que no había ningún coche parado en el semáforo, o una moto… o peor aún, un peatón esperando para cruzar! Lo habríais matado… -les regañé.

Sus rostros *angelicales* parecían decir que eran buenos chicos, pero esa acción absolutamente desproporcionada me sorprendió muchísimo.

Llamamos a los padres para que vinieran. La Ley establece que el trato que se dispense a los menores de edad sea distinto al de los adultos. Un adulto hubiera sido detenido al no tener carné. En este caso, sin haber heridos y solamente daños materiales, optamos por hacer un informe judicial a Fiscalía de Menores.

Cuando llegaron por separado el padre de uno y el padre del otro, se quedaron estupefactos y boquiabiertos. Sin habla, su cara era una mezcla de enfado, susto y alegría al ver que sus hijos estaban bien. Pero ante todo era una mirada de disgusto. No podré olvidar esos ojos apesadumbrados, melancólicos.

- Pero si mi hijo estaba en el cuarto durmiendo… -no paraba de repetir uno de los padres.

- Y el mío estaba en tu casa, que había ido a pasar la noche —comentó el otro.

- ¿A mi casa? No, a mi casa mi hijo no ha traído nadie — afirmaba el primero.

Y para más inri, el que conducía no era el hijo del propietario del Mercedes, sino el amigo. Eso podía conllevar problemas, especialmente cuando el titular del vehículo me preguntó que quién se hacía responsable de los daños. Le informé convenientemente, pero que yo ahí ya no me metía, que mi labor terminaba a la hora de pasarle los datos del seguro del vehículo causante del accidente al Ajuntament de Palma para la reparación de los desperfectos, y del informe a Fiscalía, claro.

Con mucha suerte pude coger mi vuelo. Supongo que cada uno, al final, mira por sus propios problemas.

Este accidente del deportivo me recuerda otro que tuve con un R8… y no precisamente el clásico Renault 8, sino con un Audi R8. Te invito a que busques por internet cómo es ese coche y cuánto vale. Yo no lo sabía, y lo miré por curiosidad. Tuve que buscar en varias páginas para corroborar el precio, porque no me lo creía.

El accidente fue "un clásico". Una señorita había parado su coche un momento en doble fila para que se bajara un amigo suyo, cuando un coche deportivo (sin especificar) le pasó a toda velocidad por al lado… mientras que el otro con el que se picaba no tuvo tanta habilidad y acabó empotrándose contra la parte trasera del de la señorita.

Al llegar me encontré al flamante deportivo de más de 100.000 euros (vaya, lo he dicho) completamente encajado y enganchado al modesto utilitario de la joven. Los dos ocupantes, la conductora y su amigo, tuvieron que ser hospitalizados por lesiones cervicales, mientras que el chaval que llevaba el Audi R8 salió ileso.

Este chico no iba bebido, pero digamos que su carácter no era muy "colaborador". Mientras él gestionaba a gritos y de malas maneras por el teléfono móvil que viniera su grúa particular, yo solicité una municipal para desplazar los vehículos a fin de que no entorpecieran la circulación, al tiempo que pedía servicio de bomberos para echar arena sobre el resbaladizo asfalto.

Cuando el joven vio aparecer nuestra grúa, bajando las pinzas para enganchar su deportivo, saltó en medio de la calle poniéndose delante del coche y con los brazos extendidos gritó:

- ¡Esta grúa no va a tocar mi coche! —me ordenó despóticamente.

- Mira, chico, los coches están enganchados el uno al otro, y tengo que despejar la calle por motivos de seguridad —le aclaré-. Así que mientras no venga tu grúa, lo haremos de esta manera.

Los bomberos, que eran tres "armarios roperos" como se suele decir, miraban el espectáculo desde la acera, esperando que la vía quedase libre para ellos poder actuar.

- ¡He dicho que no! —me retó el chico.

- Tú sabrás —le dije-. Estás en medio de la calle, sin chaleco reflectante y entorpeciendo la labor policial… tienes todos los números para venirte detenido. Así que o te quitas de en medio, o acabas en los calabozos.

Parece que reflexionó, y de muy mala gana entre quejas en voz baja se subió a la acera. Me imagino que hizo un lindo repaso a mi árbol genealógico.

Al ser el deportivo un coche tan rebajado, cuando la grúa metió las pinzas, estas rozaron la parte baja de la estructura, sin producir daños, pero sonando muy fuerte. El chico dio un salto mientras veía con los ojos desencajados a su coche, y amenazantes al gruero. Yo me quedé mirando fijamente al chaval, a ver qué decía, pero no soltó palabra, mordiéndose la lengua y poniéndose rojo como un tomate. "Ya se atreverá, ya", pensaba yo.

- Bueno, no creo que la reparación del coche te baje de los 20.000 euros… así que no te preocupes, esto no te afectará mucho a la factura —le comentaba yo con ironía, mientras los bomberos se partían de la risa. El chico caminaba de un sitio a otro, haciendo el mismo recorrido lineal, como el padre que está esperando a que su mujer dé a luz.

Una vez los desencajamos, con mucho esfuerzo por parte del operario de la grúa que se las vio y deseó para separar las dos estructuras metálicas, el gruero dejó el deportivo a un lado de la calle donde no molestaba, y retiró el otro coche implicado, el de la chica, que el pobrecito estaba hecho un amasijo de hierros.

Cuando al cabo de casi media hora llegó la grúa particular del deportivo, las primeras palabras del joven al técnico fueron:

- ¡Joder, ya era hora! ¡Pensaba que no venías!

Sí, muy educado el cachorrito.

La grúa era de plataforma y, claro, se veía nuevamente con el problema de engancharlo, ya que al ser un coche tan bajo, rozaba al subirlo por la pendiente. No te imaginas la de improperios e insultos que llegamos oírle decir al conductor. No sé cómo aguantó el operario de la grúa.

Lo bueno viene ahora. Como el deportivo tenía el eje partido, la rueda delantera derecha tendía a abrirse para afuera lo que provocaba que, mientras el cable tiraba del coche por la rampa, éste se fuera hacia la derecha con peligro de salirse por ese lado de la plataforma y caer al suelo. Por eso, cada dos por tres el gruero tenía que parar, enderezar manualmente la rueda, y volver a tirar del cable con el winche eléctrico, entre los insultos y menosprecios del chico.

Así que decidí tomar cartas en el asunto. Le dije al operario de grúa:

- Tú dedícate a accionar el cable, que yo me encargo de enderezar la rueda.

Cuando empezó a tirar, y el coche se fue desviando, en vez de recolocar con las manos la rueda, tal y como hacía con sumo cuidado el gruero, le metí un patadón soberbio al neumático poniéndolo en su sitio. Se hizo el silencio. Miré al chaval y vi que me observaba con unos ojos que se le salían de las cuencas.

- ¿Qué? —le dije.

No hubo respuesta. Después de unos segundos de silencio, detrás de mí se puso mi compañero, y detrás de él uno de los bomberos enormes, haciendo cola para pegarle patadas a la rueda. La escena era como la de la famosa película "Aterriza como puedas", cuando una cola de personas pretende tranquilizar a una pasajera histérica... ¡sublime!

Era una situación divertidísima, porque no le provocábamos daños al coche, ya que golpeábamos a la goma de la rueda. Pero el chico explotó y tuvo que irse del lugar maldiciendo con gritos y centellas, sin atreverse a recriminarnos nada, mientras el gruero se moría de la risa. Siguiendo un turno rotativo, los tres hacíamos cola para patear la rueda, hasta que finalmente enganchó la grúa y se llevó el deportivo.

Estas cosas pasan cuando uno se dedica a hacer carreras por dentro de casco urbano sin saber cómo controlar la "bomba" que conduce…

29. El puntito negro

Aprovechando lo dicho, es importante señalar que no todo lo que parece un accidente de tráfico realmente lo es. Es decir, si un novio o una novia mosqueados deciden ir con su coche y estamparlo contra el de su ex -como en muchas ocasiones ha pasado-, a pesar de haber dos vehículos implicados eso no tiene la consideración de accidente propiamente dicho, ya que no es un hecho fortuito sino premeditado, y por lo tanto se le considera como "daños intencionados". Sí, al final es lo mismo, dos coches hechos polvo, pero técnicamente no es un accidente de circulación. Al igual que si un árbol cae sobre un coche estacionado sin ocupantes, tampoco es accidente (sería diferente si el coche estuviera en movimiento). Bueno, da igual, son simples apreciaciones personales, no les des más importancia. Sigamos.

Los puntos negros. Cada vez que introducimos un accidente en el programa policial Eurocop, geo-referenciamos el punto exacto del impacto. Dicho con otras palabras, marcamos sobre el mapa de Palma dónde ha ocurrido el accidente. Según el número de accidentes que haya en ese punto, se le puede considerar como un punto negro para la toma de medidas correctoras. Hay un equipo de gente especializada en Administración de Accidentes (ADAC) realizando un seguimiento diario.

En poco espacio de tiempo, hubo dos accidentes en el mismo punto de calle de Llucmajor que me tocó realizar a mí, y fueron accidentes muy aparatosos y con muchos vehículos implicados... bueno, en los dos casos todos estaban aparcados menos uno, el causante.

Justamente en ese lugar hay una parada de autobús... que las dos veces se hizo añicos junto al montón de coches.

El primer accidente fue el típico, muy violento y con restos de los vehículos esparcidos por todas partes. Sin embargo, el segundo fue algo diferente.

Cuando llegamos vemos tres coches aparcados completamente destruidos, montados unos sobre otros, además de la parada del bus ruinosa. Cristales, plásticos, restos de carrocería, mamparas esparcidas, líquidos, aceite... todo y más, excepto una cosa: el coche causante.

No estaba, había desaparecido. Y tras una colisión de esa envergadura, era más probable que se hubiera desintegrado a que hubiera huido, porque era imposible que ese coche hubiera podido andar más de diez metros.

Así que mi compañero y yo comenzamos a inspeccionar la zona a ver si encontrábamos al coche fantasma, hasta que localizamos una impronta de rueda, una huella, que podría ser reciente. Echamos a andar, sentido Palma, y las huellas nos llevan de un lado a otro de la calle, zigzagueando y viendo marcas en todos los bordillos de las aceras, hasta que a unos ochenta metros más adelante las huellas desaparecen en la entrada de un local vacío en obras, vallado, al que precisamente le falta una de las vallas metálicas.

Nos asomamos en la más completa oscuridad y vemos la plancha tirada a un lado. Encendemos las linternas y a lo lejos de un terreno totalmente abrupto y lleno de rocas de gran tamaño, vemos un coche.

Nos acercamos, no sin dificultades para llegar a causa del terreno, y vemos a una jovencita sentada al volante, completamente bebida y llorando desconsoladamente. Parecía no estar herida.

- ¿Se encuentra usted bien, señorita? —le pregunta mi compañero.

No paraba de llorar. Yo miraba alucinado a ver por dónde habría entrado el coche, entre tanta roca gigante, sin que hubiera chocado. Lo más normal era acabar dando vueltas de tonel y acabar aplastado por todas partes. Pero no, no se sabe cómo llegó hasta allí, y ni siquiera a día de hoy sé cómo debió sacar su grúa particular el coche de ahí dentro.

Dibujar el croquis explicativo de este accidente fue muy laborioso. Había muchos detalles a señalar, puntos de impacto y una distancia enorme. Es de esos accidentes que se escapan a toda lógica, y dentro de la desgracia del siniestro, la suerte acompaña un poquito. Hablando de croquis, aquí te muestro uno para que tengas una idea de cómo son (ver Figura 3).

Y si antes comencé la anécdota diciendo "en poco espacio de tiempo hubo dos accidentes en el mismo punto de calle de Llucmajor", ahora te digo que una vez intervine a la vez dos accidentes, a la misma hora y minuto, en diferentes partes de Palma. Y es cierto, nada de bromas. ¿Cómo puede ser?

Pues esa es una particularidad que tiene la noche, y no el día: el cambio horario.

El último sábado de octubre me tocó trabajar, y cuando el reloj marcó las tres de la mañana, pasamos nuevamente a las dos. Y si te toca trabajar, te toca, y esa hora "te la comes" a cambio de nada. Gajes del oficio.

Así pues, a las dos y veinticinco de la mañana de ese día en concreto, tuve que hacer las Diligencias Preventivas por Accidente de Circulación en la calle "X", y justo una hora después, nuevamente a las dos y veinticinco de la mañana de ese día en concreto, salió un nuevo accidente en la calle "Y". ¡Uno puede sentir el don de la ubicuidad sin tener poderes mágicos!

SIMULACIÓN DE ACCIDENTE
20,563
18,532
Figura 3
C/ BISBE PERELLÓ
AV. ALEXANDRE ROSSELLÓ

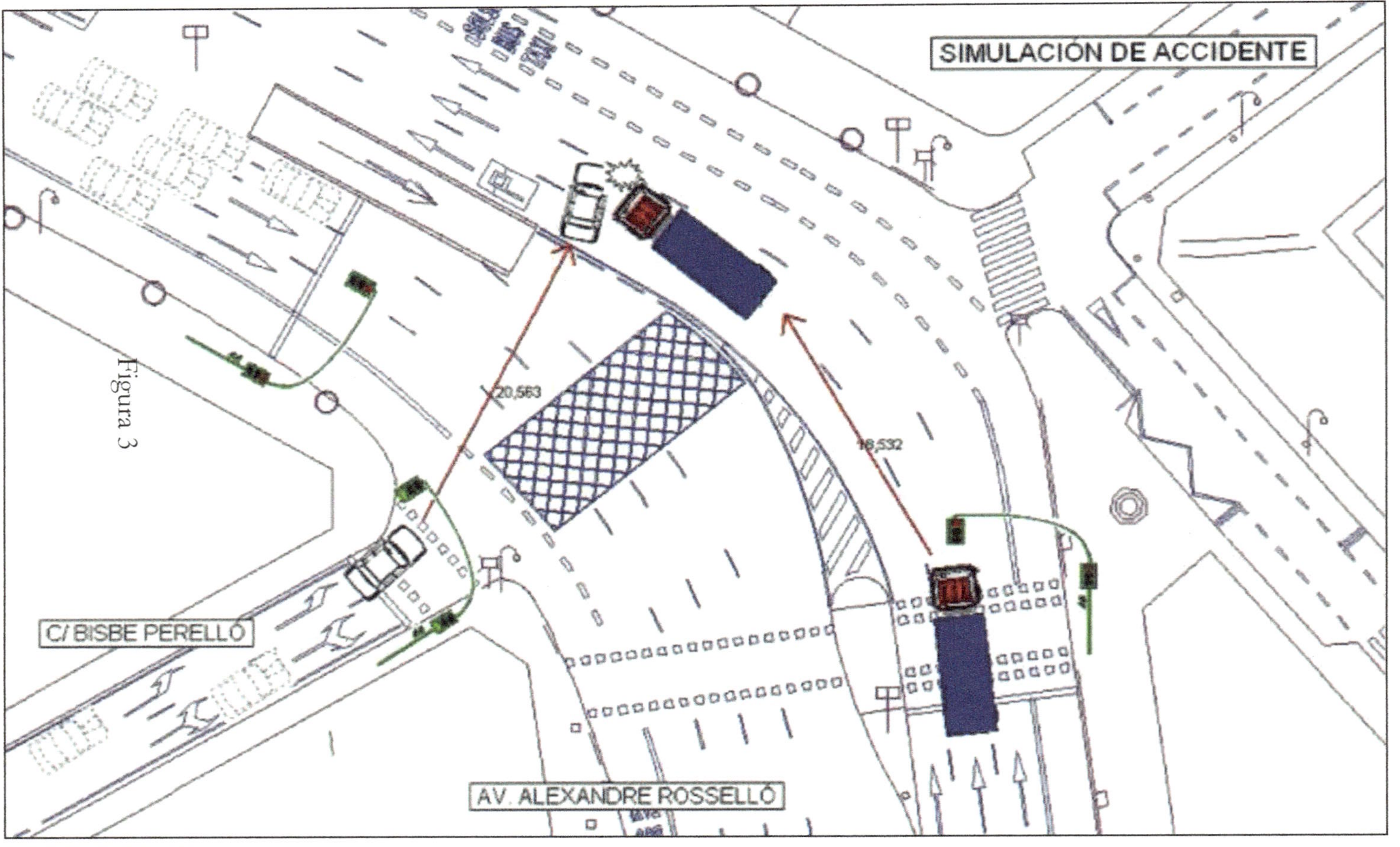

Figura 3

30. La noche confunde

Ciertamente de noche hay muchas situaciones peculiares, además de extrañas coincidencias. A ver si va a ser verdad eso que se dice que "la noche confunde".

Una vez estando en capilla (te recuerdo que significa que el siguiente accidente que salga me toca a mí), me mandaron en código amarillo a una violencia doméstica a una casa. Como ya te dije, de noche todos hacemos de todo. Pero durante el trayecto me desviaron de urgencia a un accidente con heridos. Así que comisionaron a la "VD" a otra Unidad.

Al final había un solo vehículo en movimiento implicado en el accidente: un joven, tremendamente borracho, que iba en un ciclomotor y que se estampó contra dos coches aparcados.

El chico yacía en el suelo, y cuando llegamos ya estaba siendo atendido por una Unidad móvil del 061. ¡Pero es que estaba completamente borracho! ¿Cómo puede alguien en su estado circular sobre dos ruedas más de un metro de distancia?

Luego supe que salía de un bar justo ahí al lado. Eso, en parte, lo explicaba. Hasta aquí todo "normal".

Ya en calidad de detenido, es trasladado por la ambulancia al Hospital Son Espases. Detrás vamos nosotros.

Nada más llegar al hospital lo ingresan en Traumatología para ser examinado y, como hay varias personas en lista de espera, lo dejan en una camilla en un espacio que hay al efecto.

Estamos nosotros con el joven, cuando vemos que vienen unos compañeros con una chica que trae la cara "hecha un Cristo".

- Es la chica de la violencia doméstica a la antes que os habían mandado a vosotros —me dice uno de los agentes.

- ¡Vaya, pues sí que la ha dejado bien el muy bribón! —dice mi compañero.

- Sí. Un desalmado que se ha dado a la fuga le ha pegado una paliza. No sabemos quién es, pues la chica no quiere hablar. Suponemos que su novio. Está aterrada…

De repente, presa de un ataque de pánico, la chica empieza a gritar y a llorar escandalosamente, y sale corriendo de Traumatología. La perseguimos hasta que la alcanzamos para intentar tranquilizarla.

Entre muchos sollozos, al final nos dice que el chico que le ha dado la paliza, su novio, ¡es el que nosotros hemos traído detenido por el accidente! Y claro, al verlo ahí, ha entrado en shock.

Como te decía antes, extrañas coincidencias en una noche que confunde. A ese chico se le imputaron dos delitos: Conducir borracho y agresión a su pareja. Suma y sigue.

31. Con la música a otra parte

Otra situación que ocurre a menudo de noche son las quejas vecinales por ruidos. Generalmente son fiestas, pero también televisores con el volumen muy alto, peleas, gente que habla a gritos, alguna que otra obra a horas intempestivas… la casuística es amplia.

Referente a las fiestas, el proceso siempre sigue el mismo patrón, lo cual me hace pensar que más allá del lugar de procedencia de cada uno, la cultura, el sexo, la lengua o la religión, hay un elemento común en todos los seres humanos, porque todos siempre dicen lo mismo. El procedimiento es el siguiente:

Tocamos a la puerta. Una y otra vez, porque a causa del terrible ruido que hay en el interior no nos oyen. En muchas ocasiones el estruendo de la música se oye incluso desde algunas calles antes de llegar.

Cuando por fin conseguimos que nos abran, con los nudillos ya en sangre viva, se empieza a oír entre los muchos asistentes:

- ¡Psss, psss, silencio que ha venido la Policía!

- Buenas noches. ¿El responsable de la casa, por favor? – preguntamos.

De repente aparece uno, que se pone en primera fila, y tras él se agolpan 8 ó 10 personas en una auténtica montaña humana, cotilleando a ver qué pasa.

- Soy yo, esta es mi casa (o la de mis padres, o lo que se tercie).

- ¿Me da su identificación, por favor? —solicitamos.

- ¿Qué pasa? —preguntan extrañados mientras me entregan el DNI-. ¿Ha llamado alguien? Si ya nos íbamos.

- Sí, sí, ya nos íbamos —comentan varios de los que aparecen amontonados por ahí detrás.

- Es que yo quería contarles un chiste —les digo, muy serio.

- ¿Un chiste? —se sorprenden todos.

- Sí, sí, escuchen: "Antonio, ¿a qué no sabes qué me pasó la otra noche? A eso de las tres de la madrugada vino el vecino de arriba a tocarme el timbre de casa como un energúmeno. Del susto casi se me cae el taladro al suelo" —algunos se ríen si entenderlo, otros se quedan pensando, y los pocos se dicen: "Ya, nosotros somos los del taladro".

- Pues sí, señor —continúo diciéndoles-, y no es que haya llamado uno, ni dos, sino varios vecinos encolerizados.

- ¿Y quién ha sido, si se puede saber? —se comienzan a exaltar.

- Han sido muchas las llamadas al 092. Y es obvio que usted está montando una fiesta muy escandalosa. Además, igualmente no se lo diría, como puede imaginar.

- Pues seguro que ha sido el vecino de abajo (o de arriba, o saber de dónde) —ahora ya sí se ponen "gallitos", viéndose arropados por sus amigos y a nosotros cogiendo sus datos-.

Como si él no hiciera ruido. ¿Y por qué no ha venido él a decirme que quitáramos la música, que es lo que yo haría?

- Por dos razones, señor –contesto-. La primera es porque él no tiene que encararse con usted, ese es nuestro trabajo. Y segundo, porque no veo lógico que usted, a sabiendas de que está molestando a todo el vecindario, encima exija a los pobres sufridores que vengan a pedirle que por favor baje la música. Creo que es muy descarado por su parte.

- ¡Pues cuando él haga ruido les pienso llamar a ustedes! ¡Cada vez! – ahora ya sí indignados.

- Haga lo que usted crea conveniente. Nosotros con mucho gusto acudiremos –le digo mientras le devuelvo el DNI-. Pero ahora, haga el favor de quitar la música y acabar la fiesta. Todo el mundo a sus casas.

Y mientras esperamos afuera, a veces vemos salir treinta o cuarenta personas de un piso que no sé cómo cabían todos ahí dentro.

La norma es denunciar por ordenanzas municipales en todos los casos. Pero si apenas ha habido una llamada temprana, y el de la fiesta es colaborador y finaliza en el acto, se considera apercibimiento. Si la fiesta es en un lugar "típico", *y haberlos haylos*, ya ni se cuestiona. Para casos similares, o de discotecas o centros de fiesta, tenemos la Unidad de la Patrulla Verde, o de Vigilancia Medioambiental (UVMA), especializada en contaminación acústica, que ya se encarga, y muy bien, de recordarles que estas actividades no se pueden realizar.

32. El policía pastor

Viniendo como anillo al dedo, recuerdo dos anécdotas divertidas que ocurrieron en la misma noche y que, además, tienen como personaje principal la voz, el vozarrón mejor dicho, de mi compañero.

Serían cerca de la cuatro y media de la mañana cuando nos pasan un servicio diciendo que, en La Lonja, hay un bar todavía abierto y del que sale mucho ruido. La ordenanza municipal determina los horarios de apertura de los locales, y ese ya tenía que estar cerrado.

Cuando llegamos vemos que, efectivamente, en el local no cabe un alma. La música está a todo volumen, los camareros siguen sirviendo copas y el ruido es muy molesto. Mi compañero me dice (al igual que el día de la detención de la gitana en Son Gotleu):

- Tú quédate en el coche por si hay que pedir refuerzos.

Entonces entra en el local y enseguida se le identifica el dueño, que le dice:

- ¡Es que no se quieren marchar! Yo lo he intentado, pero no me hacen caso… -lo dice con carita de pena, el pobre hombre al que no le prestan atención mientras no para de hacer caja.

A lo que mi compañero responde:

- ¿Que no se quieren marchar? No me seas listo, si les sigues vendiendo bebida y tienes puesta la música, ¡ninguno se va a marchar! Déjame a mí, que esto lo arreglo yo.

Se acercó al aparato de música y lo desenchufó de un tirón, a las bravas. Nada más parar la música de golpe, la gente se quedó sin saber qué hacer. Apenas pasaron dos segundos y se oyó perfectamente desde fuera del local un vozarrón poderoso que decía:

- ¡¡Señores, la fiesta se ha acabado!! ¡¡Todo el mundo a sus casas!!

Delante de mí, que estaba en el furgón en la calle, comenzaron a salir una barbaridad de personas en fila india. Conté cerca de cien, obedeciendo sin rechistar, cada uno a sus casitas.

Luego oí decirle a mi compañero al dueño del local:

- ¿Qué? ¿A que no ha sido difícil? Y ahora, su documentación, por favor…

Como te decía, esa noche ocurrió de nuevo "casi" lo mismo. Llegando a la barriada de La Soledad, poco después de lo de La Lonja, vemos a unas cien personas en la calle hablando a pulmón partido. Era una familia gitana que estaba celebrando una despedida de solteros, y el escándalo también era notorio. En este caso aún no había habido quejas. Paramos el coche justo al lado de ellos, se vuelve a bajar mi compañero y con su poderosa voz les dice a todos:

- ¡A ver señores! ¡Esto es un escándalo! ¡Todos a dentro de la casa!

Y sin rechistar, uno a uno los cien gitanos fueron entrando en fila india dentro de la casa.

- Vaya —le dije-. Qué facilidad tienes para sacar y meter grupos de cien en cien. ¿Has pensado en hacerte pastor?

33. Yo de aquí me largo

Otro de esos accidentes llamativos ocurrió por La Vileta. Tres jóvenes, dos chicos y una chica, iban en un coche por Camí dels Reis, y al llegar a la rotonda de La Vileta se detienen en el "Ceda el paso". De repente, el conductor ve que se para un motorista al lado suyo al que se la tiene jurada, así que ni corto ni perezoso se baja del coche y comienzan a darse puñetazos en medio de la calle.

El otro chico, que iba sentado de copiloto, muy nervioso, decide ponerse al volante del coche mientras aquellos dos siguen peleándose, y sale conduciendo a toda velocidad en dirección al centro de la La Vileta, con la chica gritando en el asiento trasero.

Circulando de manera temeraria por los callejones de la barriada, finalmente pierde el control en una curva muy cerrada y se estampa contra un poste de madera, partiéndolo de cuajo por la base. El coche queda atrapado bajo el palo, y si éste no cae del todo es porque tiene cientos de cables que lo sujetan en la parte superior, y además porque su base queda enclavada entre la pared y el propio coche que hace de tope improvisado, aunque muy inestable.

El joven consigue abrir la puerta y se va corriendo, dejando a la chica sentada atrás muerta de miedo y sin apenas respirar temerosa de que, al primer movimiento brusco que haga, el poste se desequilibre y caiga sobre el techo del coche y la aplaste.

Cuando llegamos y vemos la situación, inmediatamente activamos a los bomberos para poder sacar a la señorita sin peligro.

Preguntada una vez fuera quién era el conductor, nos responde que no lo sabe. Simplemente es un conocido y que su nombre de pila es "Toni".

Tras una primera inspección ocular en el interior del vehículo, doy gracias a los buenos hados por facilitarnos las cosas al comprobar que, el chico que se fue corriendo, dejó su DNI en el suelo. ¡Ah, las prisas!

A partir de aquí nos surgen dos prioridades: a) retirar el coche evitando que el palo caiga sobre las casas vecinas, y b) localizar al conductor.

Cuando parece que debe ser fácil llevarse el coche, sale el sempiterno problema de las competencias. Resulta que es un poste muy antiguo, que en su tiempo se usó para colocar una caja de obras y que se desconoce actualmente a quién pertenece. Pero ese no es el mayor inconveniente. Como el constructor no quitó en su día el poste, todo dios colgó cables del mismo. Así pues, tenemos que ir llamando entidad por entidad para ver a quién corresponde cada cable: Telefónica, Ajuntament de Palma, Cobra, Gesa, vecinos… ¡un show! Al final, y como era de suponer, nadie se hace responsable del cableado, hasta que un eficaz y veterano operario del ayuntamiento sabiamente dijo:

- ¡Cagondena[2]! ¡Ya está bien de tanta cháchara! ¡*Ara veuràs*!

Y se acabó el problema. Gracias a las mágicas tenazas del operario, la grúa se pudo llevar el coche al Depósito Municipal.

Luego fuimos hasta el domicilio del joven, el que figuraba en el DNI olvidado, y como nadie nos abrió la puerta, dejamos una citación en el buzón para que viniera a prestar declaración al Cuartel la noche siguiente.

Y así hizo. Un jovencito se presentó con su novia embarazada.

- ¿Eres Toni? –le pregunté.

- Sí.

- Bien, siéntate aquí –le invité.

Le cogí manifestación de los hechos, los cuales me los iba narrando secuencialmente, hasta que le pregunté porqué se había ido corriendo, y me contestó:

- Porque tenía miedo.

- ¿De qué o de quién? –le pedí

- Es que no tengo carné de conducir.

Dicho esto, dejé de tomar manifestación, comprobé a través de la Guardia Civil de Tráfico que efectivamente no tenía carné, y procedí a detenerlo. El joven bajó llorando a los calabozos, mientras pedíamos un taxi para que acompañara a la joven embarazada a su casa.

---

[2] Exclamación típicamente balear que implica disconformidad con la situación habida.

34. A saber qué pasó en la *fregoneta*

No lejos de ahí, en la calle Costa de Saragossa, también he hecho varios accidentes llamativos. Como bien dice su nombre se trata de una cuesta, algo pronunciada, y parece ser que el hecho de estar en pendiente deba afectar para que ocurran siniestros. Desde luego, esa fue la causa determinante de la siguiente anécdota.

Nos pasan "un tráfico" sin heridos en esa vía, y al llegar nos encontramos una furgoneta atravesada en la calle y empotrada contra la fachada de una casa a punto de derribarla.

La parte trasera de la furgoneta había quedado incrustada en la pared principal de la vivienda, hasta tal punto que toda la pared alrededor del vehículo estaba completamente agrietada. ¡A ver cómo sacamos la furgoneta sin que se nos caiga la casa!

Me sorprendió ver cómo una furgoneta podía resquebrajar de esa manera un muro tan sólido, y no tuve más que mirar en el interior del vehículo para salir de dudas: estaba cargada hasta los topes de material de todo tipo. Era la típica furgoneta de mercadillos, que bien seguro a la mañana siguiente iba a salir muy temprano a algún pueblo para vender el género que llevaba dentro. No había más que ver la presión de los neumáticos para saber que se trataba de una auténtica mole.

Como te he dicho, había una fuerte pendiente, pero no podíamos saber qué había pasado porque ahí nadie se hacía responsable de la furgoneta. El conductor se había fugado.

Al poco tiempo, acompañado de todo el séquito familiar, llega un gitano enorme, palillo en boca y con las manos en la cabeza. "Válgame Dios", exclamaba. "¿Cómo voy a trabajal yo mañaaaana?"

- Pues me parece que no lo va a tener fácil, caballero —le dije.

- ¿Quién ha sío? —me preguntaba su mujer.

- No lo sé, señora. ¿Dónde estaba la furgoneta aparcada? Tal vez se la han intentado robar.

- Estaba ahí arriba aparcada, señor agente. ¡No sé qué ha podido pasar!

Me sabía fatal por aquel hombre. Este era su medio de vida, con el que se ganaba el sustento diario, y ahora estaba incrustado en un muro maestro.

Mientras venía un perito a petición nuestra para examinar la viabilidad de extraer la furgoneta de la edificación, y al tiempo que los bomberos hacían sus propias comprobaciones, me dediqué a dar una vuelta por los alrededores, a mirar a la gente. Ahí estaba toda la barriada: entre los dueños de la furgoneta y su numerosa familia que clamaban al cielo justicia, y que si no se hacía justicia ya se encargarían ellos de tales menesteres; la dueña de la casa, que en pijama y con los rulos puestos andaba medio *cubada*[3] al haber sido despertada por un terremoto en su casa; los vecinos asomados a sus balcones; algunos de los jóvenes que suelen fumar porros en la plaza también se dieron cita ya que por fin había algo distinto con lo que entretenerse; y a parte del vecindario, había numerosa presencia de la Policía, bomberos, ambulancias, grúas y técnicos periciales. Vamos, lo de siempre.

De entre los muchos que se aglomeraron para ver el desastre, alguno que otro me resultaba sospechoso... pero no hay más que buscar a un sospechoso para que todos te lo parezcan. Así que no hice caso, y volví a mis quehaceres.

Cuando por fin pudimos sacar el furgón sin que hubiese peligro de derrumbamiento, se me acerca el gitano propietario de la furgoneta, con su hijo y un amigo de su hijo.

- Mire, señor agente. ¿Puedo hablar un segundo con usted?

- Dígame.

- Este es Pedrito, un amigo de mi Antoñete —me dijo, mientras me señalaba a un joven de unos veinte años de edad-. Es el que se ha metío en la fregoneta y la ha liao parda.

Pero me lo decía con tono condescendiente, más que a modo de regañina. Mientras me lo contaba, me gesticulaba con la mano haciéndome entender que el pobre tenía una minusvalía psíquica.

---

[3] "Mareada", en mallorquín.

- Es que al chico… no le funciona bien la cabeza, vamos —me justificaba el gitano.

- A ver, Pedrito —le pregunté-. Cuéntame qué ha pasado.

Empezó a hablar sin parar, sin ton ni son, gesticulando con las manos y haciendo aspavientos, ¡como un auténtico torbellino!

- ¡Para, para, para! —le dije-. ¡No me importa lo qué has hecho esta mañana! —¡es que me estaba contando su vida desde que se levantó por la mañana!-. Quiero saber cómo ha ocurrido el accidente.

- Pues me metí en el coche a jugar —sonrisa pícara- y bajé un palo que hay entre los sillones.

- Ah, así que le quitaste el freno de mano. ¿Y cómo entraste en la furgoneta?

- Estaba abierta. Siempre está abierta.

- ¿Es cierto eso? —le pregunté al dueño.

- Es que la cerradura está rota —me dijo.

- ¿Y dejan ustedes toda la carga en el furgón con la puerta abierta?

- Es que aquí nos conocemos todos. ¡Y si alguien se atreve, lo rajo!

- Vale. Me ha quedado claro. Mire de arreglar la cerradura para evitar esto. Y tú, chico —le dije a Pedrito-, ¡no te vuelvas a meter en un coche a jugar, hombre!

- Es que estaba con mi novia y…

- ¡PARA! —le corté-. ¡Para! No sigas. No me interesa.

35. Dos casos de magia bien distintos

Otras muchas veces encuentras gente que… que… ¿cómo decirlo? Bueno, que exageran las cosas. Unos porque se pasan, y otros porque no llegan. Ahora me explicaré con dos ejemplos.

En cierta ocasión me enviaron a un accidente con heridos en un cruce de calles. Cuando llegamos de urgencia, vemos dos coches implicados.

- Buenas noches. ¿Hay heridos?

- ¡Sí! –me levantan las manos seis personas-. ¡Nosotros! ¡Nos duele una barbaridad el cuello!

- ¡¿A todos?! –pregunté.

- Sí, sí, a todos.

Justamente todos eran los ocupantes de un mismo vehículo de cinco plazas. Me acerco al otro conductor implicado y le pregunto qué ha pasado.

- Pues yo iba circulando, ellos se han saltado el "Stop" sacando el morro del coche, y ha habido un ligero roce –me contó.

Miré los daños de los vehículos implicados, y apenas se veía una rayita de nada. Tan poca cosa que para poder distinguirlo "casi hacía falta una lupa".

- ¿Y dicen ustedes que los seis están heridos? —les pregunté.

- Sí, señor agente. Muuuucho dolor —me contestaron sin dudar.

- Bien, bien —les dije al tiempo que sacaba el bloc de denuncias-. Si les parece, mientras vienen las ambulancias adelantaré trabajo a los médicos e iré preparando algunas "recetas". A ver: saltarse un "Stop", ir seis ocupantes en un vehículo de cinco, tener la ITV caducada, no llevar los pasajeros de atrás el cinturón de seguridad puesto…

- Pare, pare, señor agente. Si en verdad ya se nos está pasando el dolor. No hace falta que llame a la ambulancia —me dijo el patriarca.

Y el otro caso también tiene su gracia. Un chico podría haber muerto en un accidente muy impactante. Los astros se alinearon y decidieron que no era su día. Pero bien podría haberlo sido.

Ocurrió en el Camí del Reis, muy cerca del hospital Son Espases. Un señor iba circulando con su coche por esa vía desconcertado y preocupado. Provenía de la rotonda de la carretera de Sóller y se dirigía a urgencias del hospital porque su hijo estaba herido. Estaba tan nervioso que, al llegar a la altura de la salida de Son Espases, en vez de coger la salida del hospital hacia su derecha, se metió a la izquierda en sentido contrario de circulación, pensando que era un ramal de acceso al centro médico.

Justo en ese momento, en el que el padre preocupado cometió el grave error de meterse en el otro carril, una moto circulaba por la carretera y el choque frontal fue inevitable. Lo peor en un accidente es el choque frontal, pues las velocidades opuestas se suman y el resultado suele ser el peor que te puedas imaginar. Y si encima uno de los vehículos es una moto…

Las motocicletas son un medio de transporte muy eficaz, por su rapidez, el escaso consumo y su agilidad. Pero un motorista es lo más frágil que hay en la carretera, y los accidentes que he llegado a ver, incluso siendo teóricamente poca cosa, en muchas ocasiones suelen ser dramáticos. Tengan o no la culpa.

Nosotros no estábamos lejos del lugar del accidente, así que tardamos muy poco en llegar. El escenario era terrorífico: atravesado en medio de la oscura carretera encontramos un coche con todo el morro hundido; a escasos metros, una moto literalmente partida por la mitad; y al fondo de todo, un cuerpo inmóvil yaciendo sobre el asfalto.

La Unidad Móvil de ambulancias vino en código rojo, pensando que el chico estaba casi muerto. Inmediatamente comenzaron las maniobras de reanimación. Tras unos minutos trabajando a destajo todo el personal médico, el doctor se giró hacia mí y con voz apagada me dijo:

- Bueno… veo que ustedes van a tener que realizar el atestado del accidente, ¿no? Ufff… pues no sé cómo decirlo… Aquí hay uno que esta noche tendrá que comprar un cupón de la ONCE –y se echó a reír.

A este médico lo conozco de otras muchas intervenciones. Me acababa de gastar una broma haciéndome creer, por el tono de voz que usaba, que el chico había muerto. Suspiré y con la mirada le dejé bien claro lo que pensaba de él. Y por supuesto, nos echamos a reír juntos.

Las lesiones que en un principio presentaba a simple vista apenas eran de gravedad. Quedaba por hacer el análisis clínico para descartar derrames internos o lesiones similares, pero el joven estaba consciente, y si hasta ese momento no se había movido, era porque simple y llanamente estaba muerto de miedo. Tuvo tanta suerte que esa misma noche le dieron el alta médica. Inaudito.

Tras finalizar el accidente, evacuar al herido y retirar los vehículos, la moto del chaval se fue, como se suele decir, directamente al desguace. Quedó hecha pura chatarra.

Un par de horas más tarde, y ya en el Cuartel de Sant Ferran, estaba yo introduciendo datos en el ordenador cuando me comunican por teléfono desde Puertas de acceso al cuartel que tengo un citado.

- ¿Un citado? ¿Quién es? —le pregunté a la agente destinada en Puertas.

- Uno que ha tenido un accidente con una moto esta noche.

Generalmente yo no sé la gravedad de las heridas que presenta un accidentado. Puedo presuponer qué es lo que tiene, la experiencia me lo ha ido enseñando. Pero hasta que no se le hace un chequeo médico completo, no se puede saber si tiene algo más de lo aparentemente externo. Por eso, que ese chico viniera por su propio pie a Comisaría, era absolutamente sorprendente. Yo creía que al menos quedaría un día en observación.

Cuando salgo a recibirlo, veo que el chaval ha venido con su madre. Apenas cojea de un pie. Poca cosa.

- Buenas noches… ¡qué alegría ver que estás bien! —le dije de corazón.

- Sí, ha tenido mucha suerte —me contestó la madre.

- Me alegro, de verdad —seguidamente le entregué la hoja de reclamación por accidente que siempre facilitamos a todos los implicados, para que diera parte a su seguro, contando lo sucedido.

- ¿Y mi moto? —me preguntó el chico mientras cogía indiferente el documento que le entregaba.

- Por lo pronto la he retirado a Depósito Municipal, pero esa moto ya se debe ir directamente al desguace. Ha quedado hecha un amasijo de hierros.

- ¿Cómo? ¿Al desguace? —y para sorpresa mía comenzó a llorar a lágrima tendida-. ¡Mi moto! —sollozaba abrazado a su madre-, ¡mi moto!

Yo no me lo podía creer. Ciertamente ese muchacho no era consciente de que esa noche había puesto el contador de su vida a "cero". Que acababa de escapar de una muerte segura y que había vuelto a renacer. ¿Y estaba llorando por una moto? Me salió del alma, y delante de su madre le reprendí:

- ¿Pero cómo se te ocurre ponerte a llorar? ¿Tú estás tonto o qué? —lo de "tonto" lo dije especialmente alto, hasta tal punto que los agentes que estaban en Puertas se callaron expectantes.

Tanto la madre como él se me quedaron mirando sorprendidos.

- ¿Tú sabes lo que te acaba de pasar? ¡Estás vivo de puro milagro, y te presentas aquí lloriqueando por una moto! No te entiendo, chico. ¡Llorando por la moto!

Dejó de gimotear, cogió a su madre de la mano y, sin casi mirarme a la cara mientras se daba la vuelta para irse avergonzado, me dio las buenas noches.

Noches después, estando yo de patrulla, me lo encontré por la calle. Me saludó de manera efusiva, alegre y feliz. Por fin había recapacitado.

"Sugar Plum Fairy came and hit the streets
Lookin' for soul food and a place to eat
Went to the Apollo
You should have seen him go go go
They said, hey Sugar, take a walk on the wild side
I said, hey babe, take a walk on the wild side"

36. La atropellada marchosa

Alegre y feliz sí que encontré en cierta ocasión a una atropellada. ¡Sí, sí, es cierto! Ocurrió en Platja de Palma, en primera línea, casi llegando al término municipal de Llucmajor.

La Emisora nos indica que ha habido un atropello en dicho lugar, y que el coche se ha dado a la fuga.

Debido a que nosotros estamos en Palma ciudad, se envía a modo preventivo y en primera instancia a una de las Unidades que siempre van al Arenal, porque generalmente los atropellos suelen ser fatales y de gran emergencia.

Cuando al cabo de un rato llegamos, los compañeros que ya estaban allí nos dicen:

- La atropellada es esa mujer —señalándome a una chica que estaba de espaldas, hablando, riendo y bailando junto a un grupo de personas en la arena de la playa.

- ¿Cuál? ¿Esa que baila? —pregunto desconcertado.

- Sí, sí… esa —me confirman entre risas.

Me acerco hasta ella, quien aún no me ve al estar de espaldas, mientras sigue moviendo su cuerpo al son de la música *reggaeton*. Los amigos, que sí me ven llegar, con la mirada le intentan indicar a la chica que pare, que estoy detrás de ella. Pero no se entera, mientras sigue contorsionando su cuerpo con los brazos en alto y bailando pegando saltos.

- Disculpe… ¿alguien ha sufrido aquí un atropello? –pregunto.

Inmediatamente se gira la chica, sorprendida de verme frente a frente.

- ¡Sí! ¡Yo! –me dice eufórica. Yo no entendía nada-. ¡Y todos mis amigos han sido testigos! –bueno, transcribo aquí sus palabras de manera correcta, pero hay que contextualizar que arrastraba todas las sílabas habidas y por haber, borracha como una cuba que estaba.

- Ya veo, ya… ¡y ha tenido que ser un accidente terrible, por lo que veo! –le dije.

- ¡Sí! ¡Y encima se ha fugado! Pero recuerdo perfectamente cómo era… ¡si lo veo lo mato! –al tiempo que gesticulaba con las manos como quien escurre un trapo mojado, para hacerme entender qué le iba a retorcer el cuello al desaprensivo conductor.

- Sí, sí, me imagino. Y dígame, ¿dónde le duele? –y me señala todo su costado derecho.

- Espere un momento, señorita –le digo-. Mis compañeros me han dicho que usted les ha manifestado que la han atropellado mientras cruzaba la calle en dirección contraria a la playa. Es decir, usted se iba hacia dentro. Y hay un solo sentido de circulación… ¿cómo es que le ha golpeado en el lado derecho, si el coche le venía de su izquierda?

- Ahora mismo se lo explico.

Me coge de la mano y de un tirón me lleva hasta la calle donde ocurrieron los hechos. Primero a paso ligero, hasta que se da cuenta de ello, y comienza a cojear. Ya en la calle, me escenifica todo lo que ha ocurrido mientras me lo va contando de palabra:

- Yo estaba aquí, hablando con unos amigos –y se pone sobre la acera de espaldas a la calle-, y crucé para irme hacia el bar –y comienza a cruzar la calle, ¡de espaldas!, al tiempo que hace que habla con unos amigos imaginarios ¡y hasta se cuenta chistes a sí misma!-. Justo cuando estaba aquí –y me señala con una equis en el suelo, de tal manera que tuve que cogerla para que no se cayera de lo bebida que iba-, un coche vino por mi espalda y me atropelló –y el colofón de la interpretación viene cuando va y se tira al suelo-. Quedé bocabajo, exactamente así… ¡pero a ese lo voy a matar! –me decía desde el suelo.

- Claro, claro… y me dice usted que de espaldas, y luego bocabajo, se ha quedado con la cara del conductor, ¿no?

- Eh… ¡sí!

- Ya. ¿Y los datos del vehículo fugado?

- Me los ha dado un amigo.

- Perfecto. Ahora, si me disculpa… -y me dirigí a hablar con los compañeros que llegaron en primera instancia, mientras la mujer intentaba a duras penas ponerse nuevamente en pie.

- ¿Qué ha dicho el de la ambulancia?

- Que le daba el alta aquí mismo.

- Perfecto –concluí.

Al cabo de unos pocos días pude localizar al conductor del vehículo fugado. Al estar empadronado en Llucmajor tuve que hacer gestiones a través de la Policía Local de ese municipio para entregarle la citación al titular del vehículo.

En muchas ocasiones tenemos que solicitar gestiones a otras Policías Locales. La colaboración entre todas es fundamental para poder dar resolución a incidencias que traspasan los términos municipales. Como te he contado antes, en un accidente puede estar implicado alguien que viva fuera de Palma. Así que, para localizarlo, tenemos que pedir a la Policía Local del municipio en cuestión que nos realice las gestiones oportunas. En ese aspecto, existe muy buen entendimiento.

También necesitamos de la ayuda de otras Unidades de Accidentes dentro de este mismo Cuerpo. Realmente, en la Unidad Nocturna contamos con muy poco tiempo de maniobra para citar personas. Nuestro horario de trabajo conlleva que, para poder entrevistarnos con la gente, se intente adecuar al horario "normal" que tenemos. Así que, generalmente, solo podemos requerirlos hasta las 23:30 horas, lo que supone una hora y media de nuestro servicio ordinario. Muy poco tiempo para hacer gestiones. Otra casuística es que el vehículo implicado en un accidente pertenezca a una empresa, lo que supone tener que ceñirnos a un horario diurno. Por todo ello, en ocasiones tenemos que recurrir a los compañeros de coches de accidentes del turno de día para que nos ayuden a dar solución al problema.

37. Este no es mi detenido

Dentro de la obligada autocrítica, es necesario destacar que alguna vez la hemos "cagado" (con perdón de la expresión). No, no me refiero a dar la culpa de un accidente evidente a quien no la tenía, o cualquier otra situación similar... aunque mejor tocar madera. Más bien siempre ha venido de la mano de las prisas. Sí, las prisas son muy malas consejeras. Y, especialmente, este factor se vuelve determinante a última hora, cuando ya solo estás pensando en meterte en la cama.

Una noche, a las 05:15 horas, nos avisan de un accidente cerca de la rotonda del Cementerio de Palma.

Un vehículo había salido de su trayectoria y él solo había chocado contra un árbol, derribándolo de cuajo.

Nosotros tardamos un poco en llegar, pues andábamos liados en otro accidente, así que le decimos a la Base que mande preventivamente a otra Unidad, no sea cosa que haya heridos y queden desatendidos.

Cuando pasado un tiempo llegamos al lugar del siniestro, vemos que dos patrullas de Policía se encuentran junto a dos individuos. Los compañeros me comentan que, cuando han llegado, han encontrado a padre e hijo de pie al lado del coche, y que el padre asume la responsabilidad del accidente argumentando que se le ha ido el vehículo hacia la derecha y ha chocado contra el árbol. Pero también me comentan que el hijo va bastante influenciado por bebidas alcohólicas, y creen que realmente él ha sido el causante.

Entonces me dirijo a los dos señores, padre e hijo, y les pregunto:

- Buenas noches caballeros. ¿Me podrían decir qué ha ocurrido? —mientras les preguntaba les miraba fijamente a los ojos observando que, efectivamente, el hijo estaba bebido, mientras que el padre tenía cara de estar recién levantado.

- Pues que venía conduciendo, se me ha ido el coche y he tenido un accidente —me dijo el padre. Sin embargo yo observaba al hijo, quien no cruzaba la mirada conmigo.

- Muy bien, no pasa nada. Son cosas que ocurren. ¿Sería usted tan amable de venir un segundo conmigo? —le pregunté al hijo.

Cuando lo separé de al lado de su padre, en voz baja le dije:

- Mira, sé que has conducido tú. Dime qué ha ocurrido.

- No señor, mi padre le ha dicho la verdad. Yo he bebido, pero él ha venido a buscarme y me acompañaba a casa.

Le pedí que me explicara qué trayectoria habían seguido. Es decir, de dónde venían y hacia dónde iban, y para nada resultaba el camino más lógico. Entonces vi en el DNI que el padre vivía relativamente cerca del lugar del accidente, y viendo su cara, no me cupo duda que acababa de despertarse

–seguramente por la llamada de su hijo-, y acudió en su auxilio.

- Mira –le dije al chico-. Como dices tú, vienes del Paseo Marítimo de fiesta. Has pasado cerca del Cuartel de Sant Ferran, por lo que ha quedado grabado en nuestras cámaras quién conducía. ¿Quieres que lo compruebe?

Se encogió de hombros, sin decir nada, dándome a entender que le daba igual. Entonces saqué el *walki* de la funda y cuando me disponía a contactar con Base me dice:

- ¡Está bien! ¡Era yo quién conducía! ¡No quiero que le pase nada a mi padre por intentar ayudarme!

A mi parecer, al final fue un acto de valentía. Es importante saber aceptar los errores. No hubo heridos, ni daños materiales cuantiosos. Fue un accidente como cualquier otro, pero por desgracia estaba de por medio el alcohol, que mezclado con la conducción puede llegar a ser letal.

Se procedió a detener al joven. Nosotros, los coches de accidentes, somos quienes realizamos el atestado de circulación, pero es el personal destinado en Sala de Atestados quien redacta el informe penal por alcoholemia.

Ya en el Cuartel de Sant Ferran, nos dirigimos a Sala a comparecer y manifestar los hechos ocurridos. Estábamos acabando el servicio, pues eran casi las seis de la mañana. Hasta que llega el turno entrante, las diligencias previas las realiza un compañero nocturno. A partir de las 06:00 horas hay un cambio de instructor y, quien nos coge la comparecencia, es un compañero de día. Mientras unos se van y otros llegan, nosotros vamos realizando por nuestra parte el atestado del accidente. Ahí, en el cambio de turno, es donde entra en juego la prisa.

Cuando nos sentamos a comparecer ante el policía que está empezando el servicio, veo que todas las diligencias practicadas presentan un "pequeño" pero determinante error: se da la casualidad que padre e hijo además de tener –lógicamente- el mismo primer apellido, tienen el mismo nombre… y según han hecho constar los compañeros nocturnos con el segundo apellido, ¡el detenido ha sido el padre!

- Perdona, compañero –le digo al que empezaba a cogerme comparecencia-, pero éste no es mi detenido…

¡No veas las carreras que tuvimos que pegarnos para encontrar al agente de Sala nocturna, que estaba ya arrancando su coche para irse a casa, y decirle que tenía que volver a corregir el error!

A ver cómo le explicamos al Juez que el presentado no es el padre, sino el hijo… "Vaya *Cristo* se hubiera montado".

38. ¡Pero si acá todos estamos borrachos!

Otro accidente singular fue el ocurrido en cierta ocasión en el barrio del Rafal Nou. Hay un terreno de grandes dimensiones que aprovechan amigos y compatriotas de lejanas tierras para hacer fiestas bastante sonoras. Ahí no molestan a nadie, ya que se encuentran bastante alejados del núcleo urbano, pero desde luego resultan muy ruidosas.

Una noche de domingo a lunes, sobre las 03:00 horas de la mañana nos comunican por Emisora que un requirente ha solicitado presencia policial en dicho punto porque ha tenido un accidente, y que el otro implicado se quiere marchar del lugar.

Cuando llegamos, vemos que un nutrido grupo de los asistentes a la fiesta están de pie delante de un coche impidiéndole el paso.

Cuando nos ven, se acerca hasta nosotros un señor que nos manifiesta:

- Buenas noches, agentes. Este señor, que va bien *tomado*, ha dado un golpe a mi coche que estaba aparcado ¡y ahora se quiere ir!

Tras pasar entre los muchos congregados ante el conductor, le preguntamos:

- Buenas noches caballero. Parece que ha habido un pequeño accidente, ¿verdad?

- ¿Accidente? —me dice-. Yo no he tenido ningún accidente… -y nada más decir eso saca la cabeza por la ventanilla a punto de vomitar. Me aparté deprisa, porque a pesar de que no cayó nada, parecía que venía el gran diluvio universal.

Miré los desperfectos que presentaba un coche y el otro, y todo coincidía: daños recién hechos, colores y alturas, y encima cientos de testigos presenciales.

- Caballero, haga el favor de bajar del coche. Va a venir con nosotros.

No de muy buena gana accedió. Fue gracias a los congregados, que le *insistieron* en que bajara del coche con maneras bastantes explícitas y rudimentarias. Tuvimos que tomar cartas en el asunto para que no se nos fuera de las manos, intentando calmar a la turba enfurecida. Cuando íbamos de camino a nuestra furgoneta, y pidiendo ya por emisora una Unidad de traslado de detenidos, un amigo del susodicho le gritó desde la lejanía:

- ¡Luis! ¡No te vayas con ellos! ¡Vuelve acá, que te llevan a la cárcel!

Y Luis, que era realmente enorme, como un autómata comenzó a darse la media vuelta. Hubo bastante resistencia, y al final tuvimos que esposarle. De hecho, ¡fueron necesarios dos grilletes unidos, porque con uno solo no daba suficiente para esposarle las manos!

En un momento dado, esperando a que vinieran los compañeros para llevárselo a Sant Ferran, vino la mujer de Luis y nos dijo:

- Pero… ¿por qué se lo llevan? -la señora también iba bastante bebida.

- Señora, su marido ha tenido un accidente y ha bebido mucho. Le recuerdo que esto es un delito.

- Pero si apenas tocó el otro coche…

- Le insisto, esto es un delito. Y si se fija, su marido va muy borracho.

- ¡Pero si acá estamos todos requeteborrachos! —me justificó-. ¿Qué espera que pase al acabar la fiesta? ¡Pero si es lo más normal!

Y oficialmente ya era lunes.

39. La noche de autos

Borrachos, drogadictos, prostitutas, proxenetas, traficantes, kundas… comparten una vida común, y el centro neurálgico tradicional de Palma es la Plaça de Sant Antoni. Allí se congregan cada noche muchos de ellos. Ah, seguramente te preguntas qué es un kunda. Son los que se encargan de llevar y traer en coche a los drogadictos al poblado de Son Banya a por la dosis diaria. Por el servicio de "taxi" les pagan con dinero o droga. Se quedan esperando por la plaza y los alrededores, y una vez llenan el coche, hacen el viaje.

Sí, la Plaça de Sant Antoni es un clásico, con las prostitutas apostadas en la calle de la Ferreria, al lado del famoso bar tapas-marisquería, lo cual no deja de tener su ironía. Suele haber peleas, acaloradas discusiones, yonkis picándose y robos generalizados. Vamos, lo que siempre ha sido.

Pero una de las cosas que más me llamó la atención al entrar en la Policía Local del Palma de noche fue la pelea territorial de las personas que *trabajan* la calle. Cada una tiene su zona asignada, blancas y negras se distribuyen los sitios. Dentro de las frecuentes discusiones que hay, la de los travestis es la más sonora y violenta. Pelean arañándose, a grito pelado y lanzándose todo tipo de improperios e insultos. Las descalificaciones que más me "gustan" son las que, en una extrema competición, se desacreditan a ver cuál es más hembra que el otro.

Una anécdota interesante para comprender un poco más qué ocurre por estos lares, ocurrió cierta noche de invierno. Estábamos de patrulla cuando divisamos un grupo de unos diez gitanos armados con palos y barras metálicas por en medio de la calle. Iban en grupo y buscaban como locos a alguien. Al vernos, se adelantó el patriarca y se dirigió con urgencia a nosotros:

- ¡Señores agentes! ¿Han visto por aquí un coche rojo circulando?

- ¿Qué es lo que ocurre? —le preguntamos alarmados.

- ¡Lo estamos buscando y vamos a por él!

- Pero bueno, explíquenos qué ha pasado —veíamos que, o mediábamos en el conflicto, o habría sangre.

- Pues resulta, señor agente, que estábamos unos familiares y amigos míos jugando a las cartas en mi casa, ¿entiende lo que le digo?

- Sí... por el momento sí —contesté.

- Y de repente mi teléfono móvil sonó.

- ¿Y bien? —le invité a seguir.

- ¡Pues que nadie habló cuando contesté!

- Ah...

- Y volvió a sonar una segunda vez, y una tercera... ¡y nadie contestó!

-Ya… ¿Y sabe usted quién realizó las llamadas?

- No, no tengo el número entre mis contactos, señor agente.

- ¿Y qué más ha pasado, entonces?

- Entonces, señor agente, me asomé por la ventana, y vi pasar dos veces un coche rojo, ¡y estoy seguro de que era él el que me llamaba!

- Pero vamos a ver, caballero —le intenté hacer entrar en razón-. ¿No puede ser alguien que le esté gastando una broma? Podría ser alguien que llama desde… yo qué sé… ¡desde La Coruña! Alguien que usted no conozca… un niño que esté llamando al azar a un número cualquiera y que ha resultado ser el suyo.

- ¡No, señor agente! ¡Seguro que era ese coche rojo, y cuando lo pillemos sabrá quién soy yo! ¡Se lo juro por Dios!

"Se lo juro por Dios", me quedé pensando. No sé porqué, me recuerda a Torquemada con su Santa Inquisición a las espaldas, en busca de alguien a quien mandar a la hoguera acusado de herejía, y sin demasiadas pruebas incriminatorias.

Seguidamente el patriarca se unió al resto del grupo en busca del coche rojo. Yo me imaginaba la cara del pobre chofer cuando, hastiado de dar vueltas en busca de una plaza de estacionamiento por la zona, le aparecieran todos esos tipos armados a por él…

No nos quedó más remedio que pedir refuerzos y quedarnos por la zona un rato, no fuera cosa que al final encontraran al desdichado conductor.

"Jackie is just speeding away
Thought she was James Dean for a day
Then I guess she had to crash
Valium would have helped that dash
She said, hey babe, take a walk on the wild side
I said, hey honey, take a walk on the wild side
And the coloured girls say doo doo doo, doo..."

40. Marchando una de *satélites*

Sin embargo, un accidente que sí acabó con "pelea indirecta" tuvo lugar en una glorieta cerca del Paseo Marítimo. Y fue "indirecta" por razones de lo más surrealistas que ahora te voy a contar.

Nos avisan desde Base que ha habido un accidente en dicho lugar, con un solo vehículo implicado, y sin saber si hay heridos. Nada más llegar, nos encontramos un coche que se ha llevado por delante un par de semáforos, justo en la isleta central de la plaza. Al volante, una jovencita de 19 años de edad, y de acompañante otro chico de la misma edad. El vehículo acabó con el morro y el motor seriamente dañados.

Cuando estamos empezando a instruir diligencias, les preguntamos de quién es el coche:

- De un amigo –contestan los dos.

- ¿Y qué amigo es? –apretamos un poco.

- "De uno" –vaya, nos salen con evasivas...

- A ver, la conductora que vaya al furgón a prestar declaración –les indiqué-, y el otro se queda conmigo.

Mientras mi compañero le tomaba manifestación a la chica, al tiempo que le hacía soplar con el aparato de alcoholemia, yo estaba con el otro pasajero y coordinaba al de la grúa para que retirara el coche de en mitad de la plaza, así como al electricista del ayuntamiento para que recogiera los restos de cables de los semáforos.

- Pero no se van a llevar el coche, ¿no? –me preguntaba preocupado el chico.

- ¿A ti qué más te da, si no es tuyo sino de un "amigo"? –le dije con ironía.

Mi compañero me llamó para que me acercara, y me informó que:

- La chica no tiene carné de conducir, y ha dado positivo en alcohol.

En ese instante, oigo unos gritos brutales desde el otro lado de la acera:

- ¡Hijos de puta! ¡Malnacidos! ¡Canallas! –gritaba un chico fuera de sí.

- Vaya, apareció el "amigo" –le comenté a mi compañero, mientras me acercaba hacia él y al nutrido grupo de chicos que le acompañaban.

Estaba completamente fuera de sí, y no paraba de gritar:

- ¡El coche de mi madre! ¡Se lo han cargado!

Yo me preguntaba de dónde había salido el joven, llegando tan pronto y a pie.

- ¿Es tuyo el coche? ¿Qué ha pasado?

- ¡Pues que salimos de fiesta mis amigos… sí, mis "a-mi-gos-de-la-in-fan-ci-a" y yo con el coche de mi madre!

¡Ahhh… no me lo puedo creer! ¡Y después de aparcar, ellos se quedaron haciendo botellón en el coche mientras yo me subía a la discoteca! ¡Les dejé la llave para que, cuando acabaran de beber, cerraran el coche y me la devolvieran! ¡Pero los muy canallas… mire lo que han hecho! ¡A mí me matan… y yo a ellos!

Mientras tanto, tenía que sujetarlo para que no se lanzara como un energúmeno a por sus dos a-mi-gos-de-la-in-fan-ci-a, tal y como él recalcó.

Era un momento de mucho estrés y de emociones fuertes para el joven, por lo que le dio un ataque de ansiedad y cayó desplomado al suelo, comenzando a tener espasmos incontrolados. Estaba tendido, encogido sobre sí mismo, pegando violentas patadas mientras convulsionaba. Sus amigos se alarmaron muchísimo pensando que se moría. Yo, estando acostumbrado a ver ese tipo de ataques nerviosos, le resté importancia mientras les decía a sus amigos que simplemente le dejaran espacio para respirar con tranquilidad.

Todo el mundo gritaba, iban y venían corriendo sin saber a dónde, mientras que yo, a los pies del chico, esperaba a que se le pasara. Era cuestión de tiempo.

Y, efectivamente, en menos de tres minutos se puso nuevamente en pie y se lanzó otra vez contra la pareja que iba en el coche. Yo a duras penas lo podía sujetar.

Cuando llegó la Unidad de traslados de detenidos, la jovencita salió del furgón policial y, mientras caminaba hacia el otro vehículo, miró con indiferencia al dueño del coche, lo cual lo encolerizó aún más.

Dentro de esa tragicomedia que se estaba desarrollando ante mis narices, ocurrió la gran escena final.

No sé de dónde salieron tres chicos de gran corpulencia. Aparecieron sentados a un lado de la plaza, y en un tono muy elevado comenzaron a reírse y a burlarse del accidente, del dueño del coche y de los amigos, imitando sus voces y sus quejas. Que yo sepa, y viendo lo que se decían, no se conocían de antes, sino que fue la búsqueda del conflicto porque sí. Así, sin más.

Como te puedes imaginar, eso desencadenó el odio más visceral. Para la pelea que sobrevino a dos bandas, entre ocho personas, ya necesité la colaboración de más compañeros. Pudimos separarlos, y mandamos irse de inmediato del lugar a los "tres satélites esporádicos".

Una vez nos metimos en el furgón policial, vimos que los tres amigos reaparecieron, desobedeciéndonos, y comenzó una nueva batalla campal a muerte. Así que "bájate otra vez del coche y corre a separarlos a todos", y esta vez de una manera un poco más *persuasiva*.

Cuando por fin nos fuimos, habiendo teóricamente calmado la situación, oímos como por Emisora mandaban a varias patrullas al mismo lugar porque algunos taxistas informaban que había una terrible pelea multitudinaria.

Son las cosas de la noche. No sé porqué, pero no me sorprenden.

41. La vita è bella

Para el final, he querido dejar un accidente que tiene un poco de todos los ingredientes necesarios para convertirlo en una típica escena de una película italiana. Llena de momentos rocambolescos, surrealistas, humorísticos y sorprendentes.

Navidades. Calle Aragón. 21:30. Hora punta de circulación para la fecha que es. Cientos de vehículos yendo y viniendo por la transitada vía. Nos comunican un accidente con heridos: "Un coche se ha empotrado contra una casa", nos dicen.

Cuando llegamos vemos que, por causas desconocidas, una conductora que circulaba hacia el centro de Palma ha perdido el control de su vehículo y se ha metido –literalmente- en una planta baja.

La casa, que tiene el muro de la fachada de piedra de marés, presenta un boquete de más de cuatro metros de ancho por dos de alto. De hecho, se ve todo el interior de la casa, que corresponde al salón.

Pero eso no es todo. A consecuencia del fuerte impacto, el coche ha destrozado una tubería de agua, y un fortísimo chorro está cayendo dentro del salón de la casa. ¡Pero algo realmente exagerado!

Aún hay más. Dos chicas, una a cada lado del coche con las puertas abiertas, yacen bocarriba sobre la calzada. Se mueven, pero no responden a las preguntas.

Para colmo, el pobre hombre mayor dueño de la casa, que estaba sentado plácidamente en el sofá viendo la tele cuando el coche se le metió dentro de la vivienda a pocos centímetros de donde él estaba, tiene una fuerte minusvalía en una pierna y casi no se puede mover. Cuando intenta escapar a toda velocidad (dentro de sus posibilidades, claro), a causa del diluvio que le está cayendo dentro de su propia casa, resbala y acaba de cabeza bajo el agua. Así que tenemos otro herido —indirecto- en el interior de una vivienda que, en pocos minutos, llegó a tener un palmo de agua por todo el salón. Saltaban chispas por todas partes, los enchufes estaban anegados y por el agua ya flotaban todos los muebles como barcos a la deriva.

Y, para finalizar, además de los muchos coches circulando por la calle, se acumuló una cantidad ingente de personas curiosas por saber qué había ocurrido.

Lo primero que hacemos al llegar es señalizar el accidente con nuestro vehículo y con conos reflectantes, para asegurar la zona, y habilitar un espacio para que aparque la ambulancia cuando llegue. Activamos seguidamente el aviso de ambulancia (para los heridos), bomberos (para actuar en este caso de emergencia y para retirar todos los restos de pared que hay en medio de la calle), grúa (para retirar el vehículo empotrado) y EMAYA (para cortar ese impresionante chorro de agua que estaba inundando la casa del señor mayor minusválido). Como estamos los dos solos, hasta que llegue otra Unidad policial a ayudarnos, mi compañero y yo regulamos el tráfico y comenzamos a visualizar los elementos más importantes para descubrir qué narices ha pasado.

Pero como no hay accidente tranquilo, y más aún cuando está lleno de gente, aparecen —como era de esperar- dos satélites recién salidos de un bar cercano, con unas pintas bastante evidentes de andar muy ahogados y no precisamente en agua.

- ¡Hay que ayudar a esta gente! —gritaba uno de ellos, caminado entre los coches en medio de la calle.

- ¡Señor! —le grité-. ¡Salga inmediatamente de la calzada y súbase a la acera, fuera de la zona señalizada!

Como te puedes suponer, ni caso. Así que, encima, teníamos a dos individuos andando borrachos entre los coches y ordenando que hiciéramos lo que ellos nos mandaban. El estrés que comencé a acumular me hizo perder mucho cabello esa noche…

Mientras yo le intentaba explicar a uno de ellos que al no ser nosotros técnicos de fontanería no podíamos hacer nada con la tubería partida, el otro satélite fue por su propia cuenta y riesgo hasta el reguero de agua y, con intención de evitar que siguiese inundando la casa, lo giró hacia afuera, hacia la calle.

Así que, a todo lo descrito, comenzó a caer sobre todos nosotros (policías, heridos, médicos, bomberos, coches que circulaban y personas curioseando) una improvisada "tormenta tropical" sin precedentes. La lluvia artificial era espectacular.

Todos, y cuando digo todos es todos, nos giramos hacia el *illuminati* —como diría más de uno- mirándolo con caras de pocos amigos. El "iluminao" también quedó calado hasta los huesos en cuestión de segundos. Tres, dos, uno… él mismo decidió inmediatamente volver a girar la tubería para dentro y que siguiese inundando la casa del señor. "Sí, casi mejor", debió pensar, poniendo una cara de "¡yo no he sido!".

Estando todos los medios presentes (lo dicho: bomberos, ambulancias, técnico de EMAYA, grúas y otros policías para regular el tráfico), y totalmente mojados, al fin pudimos trabajar en condiciones mínimamente correctas… sino fuera por los dos satélites que seguían deambulando de un sitio a otro, incordiando sin cesar y liándola ahí dónde iban. ¡Hasta el marido de la conductora, que se presentó al cabo de un rato, los mandó al carajo!

Lo correcto hubiera sido detenerlos, pero había tanto trabajo que era técnicamente imposible dedicarse a esos dos personajillos en vez de ir a lo prioritario. Se les pudo identificar —no sin grandes dificultades- y se hizo un informe judicial contando lo ocurrido.

Y mientras tanto, el señor mayor tuvo que irse a vivir temporalmente a otro sitio, porque de su casa no se salvó nada. Todo quedó arruinado por el agua, al igual que la pared derrumbada que daba a la calle. ¡Cómo te puede cambiar la vida en solo un segundo!

Bueno, veo que al final no he cumplido mi promesa, y además de accidentes de tráfico he contado otro tipo de anécdotas. Quizás haya sido necesario para que tuvieras una visión general de lo que se cuece en la noche de Palma, mientras duermes tranquilamente en tu cama.

En fin, buenas noches.

Tema: Walk On The Wild Side.

Cantante: Lou Reed (1972)

Holly came from Miami FLA
Hitch-hiked her way across the USA.
Plucked her eyebrows on the way
Shaved her leg and then he was a she
She said, hey babe, take a walk on the wild side,
Said, hey honey, take a walk on the wild side.

Candy came from out on the island,
In the backroom she was everybody's darling,
But she never lost her head
Even when she was given head
She said, hey baby, take a walk on the wild side
She said, hey babe, take a walk on the wild side
And the coloured girls go, doo doo doo, doo...

Little Joe never once gave it away
Everybody had to pay and pay
A hustle here and a hustle there
New York city is the place where they said:
Hey babe, take a walk on the wild side
I Said hey Joe, take a walk on the wild side

Sugar Plum Fairy came and hit the streets
Lookin' for soul food and a place to eat
Went to the Apollo
You should have seen him go go go
They said, hey Sugar, take a walk on the wild side
I said, hey babe, take a walk on the wild side

Jackie is just speeding away
Thought she was James Dean for a day
Then I guess she had to crash
Valium would have helped that dash
She said, hey babe, take a walk on the wild side
I said, hey honey, take a walk on the wild side
And the coloured girls say doo doo doo, doo...

Diario de un policía nocturno
Anécdotas de accidentes de tráfico en Palma de Mallorca
de **Nicolás J. Moragues González**

Publicado por Ediciones Quixote.

Made in the USA
Monee, IL
07 July 2026

56549118R00108